講談社選書メチエ

671

ラカンの哲学

哲学の実践としての精神分析

荒谷大輔

MÉTIER

目次

凡例

・ジャック・ラカンのセミネールからの引用は、略号「S」に続けて、ジャック＝アラン・ミレールの編集でスイユ社から刊行されているものについては「S-XI, 36」のようにローマ数字で巻数を、アラビア数字で頁数を示した。未刊行のものについては、国際ラカン協会によるアソシアシオン版を参照し、セミネールが行われた年月日を付した。また、岩波書店から刊行されている日本語訳があるものについては、「／」の後にその頁数も示した。

・ジークムント・フロイトの著作からの引用は、フロイト全集（Sigmund Freud, *Gesammelte Werke*, 18 Bände und Nachtragsband, Bände I-XVII, Imago Publishing Co., London, 1940-52; Band XVIII, Frankfurt am Main: S. Fischer, 1968; Nachtragsband, Frankfurt am Main: S. Fischer, 1987）に基づき、「Freud XIV, 123」のようにローマ数字で巻数を、アラビア数字で頁数を示した。補遺巻（Nachtragsband）については、「Nb」の略号を用いた。

・［ ］は、引用者による補足または注記を示す。

・その他、本文中で用いた文献の略号は以下のとおりである。

AE: Jacques Lacan, *Autres Ecrits*, Paris: Seuil, 2001.

E: Jacques Lacan, *Ecrits*, Paris: Seuil, 1966.

Frege: Gottlob Frege, *Die Grundlagen der Arithmetik: eine logisch mathematische Untersuchung über den*

Begriff der Zahl, Breslau: W. Koerner, 1884.

Hegel: Georg Wilhelm Friedrich Hegel, *Phänomenologie des Geistes*, in *Werke*, Bd. 3, Frankfurt am Main: Suhrkamp, 1986.

Kant: Immanuel Kant, *Kritik der reinen Vernunft*, in *Kant's gesammelte Schriften*, herausgegeben von der Königlich Preußischen Akademie der Wissenschaften, Bd. 4, Berlin: G. Reimer, 1903.

Miller: Jaques-Alain Miller, « D'un autre Lacan », *Ornicar?: Bulletin periodique du Champ freudien*, n° 28, 1984.

PP: Jacques Lacan, *De la psychose paranoïaque dans ses rapports avec la personnalité*, Paris: Librarie E. Le François, 1932; Paris: Seuil, 1975.

ルディネスコ：エリザベト・ルディネスコ『ジャック・ラカン伝』藤野邦夫訳、河出書房新社、二〇〇一年。

序　精神分析の哲学、哲学の精神分析

ジャック・ラカン（一九〇一―八一年）ほど、読まれるべきで実際にはほとんど読まれていない「哲学者」はいないのではないか。この嘆きを読者と共有することを拒む壁は少なくとも二つある。ひとつは、難解なラカンのテクストに時間をかけて読む価値はあるのかという疑問。もうひとつは、そもそもラカンは哲学者ではないという認識である。

この二つの壁を取り払い、読者をラカンの実際のテクストに誘うのが本書の目的である。精神分析のテクストを読むためには通常、固有の前提がある。「ひとは母に対する近親相姦の欲望をもち、父殺しへと向かう」など、その中には一見したところでは首肯できない前提もあるだろう。本書はしかし、そのような前提をもたない読者、あるいはその前提を置くことに懐疑的な読者を対象としている。精神分析に固有の論理展開についても、可能なかぎり一般的な哲学の問題として問い直すことを目指す。初期から最晩年にかけてのラカンのテクストをたどりつつ、哲学としてのラカンの価値を示すのが本書の企図である。

しかし、その前に、「精神分析は哲学ではない」という批判に対して本書がとる立場を示しておく必要がある。

精神分析における「哲学」

精神分析と哲学の関係については、ラカン自身の認定も含めて、これまで何度となく問題にされてきた。実際、その出自を考えるかぎり、精神分析と哲学はまったく異なるところに根を張っているといえる。ジークムント・フロイト（一八五六—一九三九年）が精神分析の着想を得たのは、ヒステリーを治療する中でのことであり、抑圧や抵抗といった精神分析の基本概念は、まずは治療上の作業仮説として立てられた。それらの概念を用いることの意義は、まずは治療上の効果によってはかられる。意識されない領域におけるさまざまな作用は、治療上の試行錯誤の中に浮かび上がるものだった。

だが、他方で、そうしたフロイトの試みは、まさに意識されないものの領域の探求であるかぎりにおいて、哲学的な問題に深く関わるものでもあった。確かにフロイトは、哲学を忌避し、常に距離をとろうと努めていた。フロイトの認識によれば、哲学とはさまざまな「世界観」を人生の「ガイドブック」として提示するものであり、「そのような「生のガイド」はすぐに古びて、その新版を不可避とする」（Freud XIV, 123）とされた。そして、「こうした生の旅行ガイドの最新版でさえ、昔のかくも便利でかくも完全な教理問答を代替するような試みなのである」（ibid.）。フロイトが考える哲学とは、よりよく生きるための行動のガイドラインを定めるものであり、物事の真理を見極めようとする困難な課題を引き受けるものではない。それはむしろ、世を渡るために必要な世界認識を、そのつどの時代に合わせて読者に示すものにすぎないとみなされるのだ。

それに対して、精神分析は「確実性の要請というただひとつのことにすべてを従わせる仕事を忍耐強く続けること」(ibid.)を要するとされる。精神分析は「世界の謎」に対して「ごくわずかな光」しか与えられないかもしれない。だが、「哲学者たちの立てた騒音」によって何かが明らかにされるわけでもない。フロイトは「確実性の要請」に従ってゆっくり歩みを進めること、「それだけが、ゆっくりとした変動を実現できる」(ibid.)というのである。

だが、哲学といわれる営みは本来、フロイトのいうようなものではなかったか。わずかな光の中に見出される確実性を基礎にして、既存の知の体系を揺るがす理論を構築することは、ほとんど哲学の定義とさえいいうる。ラカンはしばしばフロイトにおける無意識の探求をデカルトの方法的懐疑と対比させているが、そこで語られているのは、まさにそのような哲学と精神分析の共通の地盤だということができよう。

デカルトは方法的懐疑において、世界や自己の存在をも含めたすべてを疑いの中に投げ込む中で、「われ思う」という思考作用の確実性を見出した。近代的な意味での主体の概念は、「われ思う」というコギトの確実性を基礎に構築された。ところが、ラカンによれば、フロイトはデカルトと同じ懐疑を経た後、異なる帰結を見出したとされる。デカルトはコギトの確実性を基礎にして「ゆえに、われ在り」と主体の存在の確立へと飛躍した。しかし、フロイトは主体の存在を示す論理的な飛躍の手前で精神分析を確立したとされる(cf. ibid.)。この点については本論でも立ち入って検討するが、無意識の領域でわずかに見出される確実性に依拠し、そのことを基礎にして理論を確立しようとするフロイトの理論は、その振る舞いにおいて、すぐれて哲学的とみなしうる契機をもっていると考えられるのである。

「メタ心理学」という理論的枠組み

実際、フロイトは治療を目的とした作業仮説としての議論から踏み込んで「メタ心理学」と呼ばれる理論的な体系を構築しようとしていた。後に詳しく見ることになるが、フロイトは心理学に代わる理論、あるいは心理学をメタ的に基礎づけるような理論をごく早い段階で構想し、その枠組みの中でさまざまな無意識的な現象を理解しようとした。

一八九五年に執筆された「心理学草案」に初期のフロイトの理論構想が示されている。それは、脳生理学を基礎にして「心的なもの」の機能を神経エネルギーの遷移として記述するものだった。フロイトによれば、われわれの意識に上るものは、心的なものの物理的機制のごく一部にすぎない。われわれの「心」は、意識されないまま機能する神経システムに依存していると考えられた。心的装置をエネルギー制御のシステムと考えるフロイトによる無意識の「経済論モデル」は、こうして同時代の神経生理学の発展と歩調を合わせるように展開された。だが、フロイトはそのモデルを生理学的な実験によって裏づける方向には進まなかった。その代わりに、心的現象を数量的に記述する経済論モデルに加えて、対立する二つの欲動（初期には自己保存欲動と性欲動、後期にはその両者を合わせた生の欲動と死の欲動の対立）を軸に心的現象を説明する「力動論モデル」、さまざまな心的機能を局在化させて相関を考える「局在論モデル」の三つを自身のメタ心理学の基礎に据えたのである。

フロイト自身が認めるように、このようなフロイトの議論は、精神分析的な臨床の経験だけに基づいて構成されるものではない。意識されない領域の事柄を何らかの「経験」として積み重ねるためには、それを把握するための概念枠がまず必要とされる。フロイトが誠実な自己批判に従って語るように、「メタ心理学」という「基本概念」をもつことで初めて、無意識的な現象を把握できるのである（「精神分析概説」(Freud XVII, 67) 参照)。臨床においては「メタ心理学という名の魔女」の力を借りなければ、「ここから先には一歩も進めない」ような状況がしばしば現れる（「終わりのある分析と終わりのない分析」(Freud XVI, 69) 参照)。そして、「そのような前提についての議論は哲学的思考のうちに置かれている」(Freud XVII, 67) といわなければならない。「メタ心理学」はひとつの「思弁」であり、臨床的な観察だけから導き出されるものではない。それはむしろ、精神分析的な「経験」を記述するための条件として、いわば超越論的に要請されるものと考えられるのである。

カントがいうように、経験が経験として成立するための条件を語ることが超越論的な哲学の課題だとすれば、フロイトの「メタ心理学」はその哲学的課題を引き受けていると考えられる。フロイトの精神分析は、精神分析的経験をそれとして語るためのモデルを提供することにおいて、無意識的な事柄についての超越論的な議論を展開していると考えられるのである。

哲学の精神分析

だが、精神分析が哲学に還元されるのかといえば、もちろんそうではない。それは単に臨床の観点からだけでなく、実践可能性という観点からもそういいうる。もう一度、フロイトの哲学批判を見てみよう。先に見たように、フロイトは哲学を「世界観」を提示するものとしていた。

私の考えております世界観とは、この私たちの生を取り巻くあらゆる問題を、何らかの上位の仮定に基づいて統一的に解決してくれる知的構築のことでして、したがってそこでは、未決のまま放置されている問いは何ひとつ存在することはなくなりますし、私たちの関心を引くものはすべて、きちんとしかるべき場を見出すことができるわけです。容易に理解できるところですが、この種の世界観なるものを所有することは、人間の理想欲望のひとつに相違ありません。〔…〕哲学は、科学に対立するものではなく、自ら科学のようにさえ振る舞い、ある程度までは科学と同じ方法を用いて作業するのですが、隙間のない首尾一貫した世界像を提示できるという錯覚を手放そうとしないために、科学と袂《たもと》を分かつことになります。そのような世界像は、私たちの知が一歩前進するごとに、そのつど崩壊せざるをえないからです。(Freud XV, 170)

フロイトによれば、哲学が批判されるべきなのは「首尾一貫した体系」を語ろうとするからだとされる。哲学は、科学と同じ方法を用いたとしても、最終的に体系的な理論を志向する点で批判されなければならない、というのである。では、精神分析は科学なのか、という問題は後に検討することにしよう［↓二〇頁］。ここで見たいのは、フロイト自身が実際、無意識の現実に向かい合い、自らの理論を改訂し続けることに躊躇しなかったということである。原理的にいって、概念的な認識の外に置かれる無意識的な事柄について語ることは、常に現象に向き合うという姿勢から離れては成立しない、ということをフロイトは自覚していた。

科学は、われわれの知覚に直接与えられる研究対象の特質の背後に、われわれの感覚器官の特殊な受容能力に拠るところがより少ない、推定される現実の実態により近づいたものを発見することを課題とする。この実態それ自体に到達することを、われわれは望むことはできない。なぜなら、われわれは、新たに解明したものを再びわれわれの知覚の言語に翻訳しなければならず、その言語からどうしても自由にはなりえないことがわかるからである。しかし、これはまさに、われわれの科学の本性であり、限界なのである。(Freud XVII, 126)

ここで語られることは実際、例えば新カント派の科学論の枠を出ないようにも見える。われわれは直接、現実における物自体を知ることはできず、われわれの認識自体が言語から自由になりえない。このような科学観は、ほかならぬ「哲学者」によって示されていたものでもあった。だが、もしその哲学が、そのような科学的認識を行う認識主体の存在を前提にするものだったとすれば、なおその前提を問い直す必要がある。本論で見るように、精神分析は実際、そのような認識主体の前提自体を問い直すものだった。精神分析が向き合う「現実」は、あらゆる理論化可能性を宙づりにする力をもっている。哲学を精神分析へと開く実践可能性は、そのような「現実」に即して哲学することの意義を示すものと考えられるのである。

本書では「フロイトの大義」に即して探求を続けたラカンの思索の道行きに、その実践を見ていくことにしたい。ラカンはさまざまな症状の「原因（cause）」となる無意識の現実に向き合い続けることをフロイトの「大義（cause）」とした（cf. S-XI, 34, 117／四七、一六八）。ラカンの思索の道行きにおいて常にフロイトが参照され、彼の死の直前に創設された学派の名前（「フロイトの大義派」）にまで引き継がれたことは、単に形の上のことではない。この問題については、本論を通じてラカンの哲学の発展を見た後に、あらためて立ち返ることにしよう。

本書の見通し

各章は、おおむねラカンのテクストの年代によって区切られている。各々の年代に練り上げられたテーマに焦点をあてつつ、ラカンの思想の発展を追うことが本書の縦軸となる。だが、それは単にラカンが語ったことを解説するだけのものにはならない。年代ごとのテーマはそれぞれ、その哲学的な意義を検討する作業を要請している。ラカンの議論をフロイト以降の精神分析の歴史の中に置くと同時に、哲学史の文脈に置き直してその理論的妥当性を検討することが、すでに厚い蓄積をもつラカン研究に対して本書がもちうる意義になるはずだ。

また、右の点に付随して、本書は基本的に「ラカンのテクストを読解する」という方法をとる。これは哲学研究としては極めて凡庸なものだが、ラカンの研究書で厳密にこの方法をとっているものは意外に少ない。その原因は、ラカンがこれまでテクスト・クリティークの対象になってこなかったことにあるだろう。精神分析の特殊性に鑑みてラカンのテクストを批判の外に置くことについて肯定的な意味を数え上げることは可能だろうが、本書は明確に哲学の立場をとりたい。あくまでラカンの原典を読み、二次文献で語られることをあたかもラカンが語るかのように扱うことも控える。通常の哲学研究のプラットフォームでラカンが読まれることを企図する本書にとって、この方法の選択は重要な意味をもっている。

　ラカンの精神分析が、その出自にかかわらず、哲学の新しい可能性を開くものとして議論される場を整備すること。以下に続く本論がその任を果たせることを願う。

第一章

唯物論

意識現象の存在について：～1953年

1　精神分析と科学

医学者だったラカンは博士論文で精神分析に出会う。三一歳のラカンは、仮に「エメ」と名づけられた女性患者の分析の理論的枠組みとして精神分析を採用した。精神病理学のさまざまな学説を並置する中で、ラカンは精神分析を心因性の症状を分析するための有力な理論とみなしている。

第一に、この時点でのラカンがまだ精神分析を実践していなかったことに注意しておきたい。ラカンは博士論文の中で、エメに精神分析を施せなかったことを明らかにしている (cf. PP, 303)。後にラカンの弟子になるエメの息子ディディエ・アンジュー（一九二三—九九年）が語ったことによれば、このときラカンは分析を試みたが、エメに拒否されたとされる。[1] 博士論文のラカンは、精神分析を実践としてではなく、あくまでひとつの理論として見出しているのである。

「効果的な治療法」としてではなく、ひとつの理論として精神分析が導入されるにあたって、その妥当性が検討された。博士論文のラカンは、こうして精神分析の科学性の問題に向き合うことになるのである。

「科学」とは何か

一九三一年四月、エメは女優のユゲット・デュフロに切りかかり、重症を負わせる。デュフロはエメを知らなかったが、エメは女優が自分の子を殺そうとしているという被害妄想をもっていた。事件後、サンタンヌ病院に入れられたエメに、若きラカンがつく。ラカンがエメに下した診断は「心因発生的（psychogénique）」な自罰パラノイアであった。エメは「知覚される構造」に「概念的な構造」を適用して変成しており、彼女にとっての「現実」の認識は精神内部の構造に依存して変化している（cf. PP, 210）。精神の内的な構造が認識される現実を規定する状態を、ラカンは「心因発生的」と形容したのである。こうした心因発生的な症例を分析する上で、精神分析には一定の理論的優位がある（cf. PP, 248ff.）。ラカンはこうして、精神医学の立場から精神分析の可能性を見ているのである。

だが、精神分析は実際、それ自身、科学として扱いうるものなのだろうか。「ここでわれわれは、フロイトの教義の科学的な有効性について議論しなければならない」（PP, 255）とラカンはいう。そして、「科学」という概念の内実を問い直すことになるのである。

ラカンによれば、精神分析の理論は「事象」を説明するための「ひとつの視点（un point de vue）」にすぎない。そして、フロイトによるその視点の設定は「教義的（doctrinal）」なものといわざるをえないだろう。「それゆえ、われわれは、ここではっきりと、われわれの議論が、とりわけ教義による議論（thèse de doctrine）である、と肯定する。われわれが近づこうとしている事象が、その意味と奥行きを引き出すのは、そうした教義によるのである」（PP, 307）。

では、「教義」に基づく議論は科学ではないのか。そうではない、とラカンはいう。むしろ、科学と呼ばれるものもまた教義と同様のものに基づく、というのである。「公理が科学を作るように、教義が事実を作る。われわれの科学の価値を作り出すのは、科学にとって不可欠な体系的法則（loi d'économie）なのである」（PP, 308, note 1)。いくつかの公理を立て、その公理から導き出される諸定理がひとつの無矛盾な体系を構築するとき、それはひとつの「科学」とみなされる。実験による検証をはかる自然科学もまた、見出される現象に適用されるべき概念モデルを構築する必要がある点において、ラカンがここで「科学」と呼ぶものに含まれると考えてよいだろう。そこで見出される現象は、無矛盾な体系を適用して初めて意味を見出される。ラカンによれば、精神分析の「教義」もまた、それによって初めて「事実」がそれとして認識される役割を担うものだといわれる。そして、まさにそのことによって、精神分析はひとつの科学だとみなされるのである。

このような見解は、フロイト自身のものでもあった。序で見たように、フロイトによれば、すべての科学は、言語を用いて表現される点で、現実そのものを直接的に記述することはできないとされた（cf. Freud XVII, 126)。あらゆる現実の認識が言語的な構造の適用に拠っているなら、科学もまたそこから自由になることはできない。それゆえ、あらゆる科学は、まずは何らかの「基本概念」を設定するところから始めなければならないだろう（cf. ibid.)。しかし、そのような基本概念の設定自体は、経験的な観察の上に完全に基礎づけることはできない。われわれは、むしろ経験の外部から何らかの抽象的観念を借り受けてこなければ、最初の観察を記述することすらできない、とフロイトはいうのである。

科学というものは厳密に定義された明晰な基本概念の上に構築すべきである、という主張がこれまで何度も繰り返されてきた。しかし、実際には、いかなる科学といえども、もっとも厳密な科学といえども、このような定義によって始まるものではない。科学活動の本来の端緒は、むしろ現象を記述すること、そしてこの現象の記述を大きなグループに分類し、配置し、相互に関連させることにある。この最初の記述の時点から、記述する現象に何らかの抽象的な観念をあてはめることは避けがたい。この抽象的な観念は、新たな経験だけによって得られるのではなく、どこからか持ち込まれたものである。そして、経験的な素材を処理する際にも、抽象的な観念を使用するのはさらに避けがたいことであり、これが後に科学の基本概念と呼ばれるものになるのである。こうした観念には、最初はある程度の不確定性がつきものであり、明確な内容を示すのは不可能である。こうした状態では、抽象的な観念の意味を理解するには、経験的な素材に繰り返し立ち戻らなければならない。これらの観念は、一見したところ、経験的な素材から取り出したように見えるが、実は経験的な素材のほうが、こうした観念に依拠しているのである。このような厳密な意味では、こうした観念は取り決め〔Konventionen〕としての性格をそなえたものである。(Freud X, 210)

経験に由来しない概念を適用しないかぎり、われわれは経験を経験として語り出すこともできない。観察される経験をそれとして認めるには、それ自身、「新たな経験だけによって得られるのではなく、どこからか持ち込まれ」るような基本概念が必要になる。ラカンはセミネール第II巻において、右に引いたフロイトの論文「欲動と欲動運命」(一九一五年)の冒頭の議論を同様に長く引き、よくできた哲学的科学論と評価している。「フロイトは哲学者ではないといわれます。確かにそうかもしれませんが、私は彼のものより深く哲学的である科学論のテクストを知りません」(S-II, 118／(上)一五六)。そして、その認定は、そのまま博士論文においてラカンが精神分析に認めたものであった。精神分析はひとつの「教義」であるが、その「教義が事実を作る」ことにおいて、ひとつの「科学」とみなされるのである。

実際、ラカンが示唆するように、ここで問題とされているのは、哲学的な認識論にほかならない。カントによれば、われわれの感性は外界の事柄についての印象を受容するが、それは「盲目」なものとされた。見出される現象が時間的・空間的に特定されていると考えたとしても、それだけではそれが「何」であるのかはわからない。そこで、何らかの対象が認識されるためには、感性の受動的な作用だけでなく、自発的な悟性によって概念が適用される必要がある、とされた(Kant, A50／B74)。経験を経験として可能にする条件をめぐるカントの考察は、科学と呼ばれる知の枠組みを考える上でも重要となる。

どの時代もひとつの根本体系にまとめられる究極の普遍的概念や前提をもっており、経験と観察から得られる多様な素材は、それらの概念や前提によって処理され、統一される。〔…〕「物質」とか「原子」というのは、その純粋な意味からすれば、思想が現象を支配し、その支配を確実にするための手段でしかないのに、〔概念を実体化する〕概念の幻想においては、思想が服従せざるをえない自立した威力になってしまう。

通俗的見解に潜むこうした独断主義を根絶するには、科学の内的な法則的構造をその科学の原理から解明する批判的分析を待つしかない。〔…〕前提の歴史的相対性や制約性を見抜くからこそ、われわれは、それが絶えず前進し、常に新たな生産力を手に入れることを展望できるようになるのである。[2]

「原子」や「物質」と呼ばれるものは、そのようなものが実体的に存在するからその名で呼ばれているわけではない。ある認識の枠組みの中で特定の概念が適用されることで初めて、それが「原子」や「物質」とみなされる。カント哲学に基づき、科学もまた歴史的に相対的な認識の枠組みに依存することを、エルンスト・カッシーラー（一八七四―一九四五年）は一九〇六年のテクスト（『認識問題』）ですでに論じていた。フロイトの科学観は、こうした認識することそれ自体についての批判意識をともなうものだといえよう。だが、精神分析は、分析の対象を認識主体そのものの成り立ちとする点で、より多くの課題を負うことになる。

あらゆる科学は観察と経験に基づいているが、それらはわれわれの心的装置によって仲介されている。しかし、われわれの科学〔すなわち精神分析〕は、この装置自体を対象としているので、他の科学とのアナロジーはここで終わる。われわれは、心的装置を対象としたわれわれの観察を、同じ心的装置を用いて、まさに心的なものの裂け目の助けを借りて、省かれているものをもっともな推論で補い、それを意識的な素材に移すことによって行う。われわれは、いわば、無意識的な心的なものに対して、ひとつの意識的な相補系列を作るのである。われわれの心的科学の

相対的な確実性は、このような推論の拘束力に拠っているのである。(Freud XVII, 81)

後に詳しく見るように[→三三頁]、カントは認識主体の成立をただ超越論的に要請することで済ませた。カントにとっては、統覚と呼ばれるものを前提にしなければ、そもそも経験と呼ばれるものが成立しない、と考えられたのだ。しかし、フロイトは、まさにその点を問い直す。認識する心的装置自体を対象とする科学は、いかにして可能なのか。ラカンもまた、多くをそこに負う初期のフロイトの試みをたどりながら、精神分析の理論的妥当性をはかることにした。それはラカンの精神分析との出会いを跡づけると同時に、精神分析にしばしば向けられる独断性の批判を退けるものともなるはずである。

2 心的装置の定量分析——初期フロイトの経済論モデル

初期フロイトにおける神経ネットワーク・モデル

では、精神分析はどのような科学を目指すのだろうか。フロイトは初期の「心理学草案」において、心的装置の「経済論的」なモデルを示している。それは、われわれの心的装置を神経細胞間のエネルギー伝播のネットワークと捉えるものであった。神経ニューロン仮説は、今日では広く受け入れられているものだが、当時はなお専門領域での議論の対象とされるものであった。フロイトはいち早くそれを採用し、「心的装置」の構造を記述するためのモデルとした。

それによれば、心的装置と呼ばれるものは、神経エネルギーの量の変遷によって記述される。ネットワークを構成するニューロンの中で特定のエネルギーが伝達されることで、われわれが「記憶」や「意識」と呼ぶ現象が成立する。それらは、ニューロンの構造とエネルギー量によって記述されることで、「経済モデル」と呼ばれることになるだろう。そこでは、われわれに意識されるものは心的装置の活動のごく一部にすぎず、ほとんどの心的装置の活動は意識されないまま作動するものとみなされることになる。そうすることで、フロイトは無意識の構造を記述できるようになったのである（cf. Freud Nb, 400f.）。フロイトにとって「意識とは、それが脱落しても心的過程には何ら変化を生まないもの」（Freud Nb, 404）にすぎない。意識の外で機能する神経システムの構造を、フロイトは「機械論的」に記述しようとする。その理論を立ち入って検討してみよう。

心的装置の「記憶」――ψシステム

フロイトによれば、心的装置はまず、外部から受けた刺激によって発生するエネルギーを制御するシステムとみなされる。さまざまな感覚器官を通じて与えられる刺激は、神経エネルギーとして伝達される。しかし、心的装置をそのエネルギーをそのまま保持するものと考えることはできない。次々に発生するエネルギーの保存を「記憶」とするなら、そのエネルギーが蓄積されるシステムを考える必要がある。だが、そうだとすれば記憶の過程でエネルギーが蓄積し続けることになるが、それは現実に対応しているようには思われない。それゆえ、フロイトは、まずは発生するエネルギーを速やかに放散させる仕組みを考えることになる。「φ《ファイ》ニューロン」と名づけられたものは、完全に透過的で、発生したエネルギーを速やかに放散させるものとみなされるのである（cf. Freud Nb, 393)。

だが、われわれの心的装置が外的刺激によって発生したエネルギーをそのまま受け流すだけでは、なお「記憶」と呼ばれる現象を説明することはできない。われわれの心的装置は、何らかの仕方で与えられた刺激を記憶として蓄積し、それをもとにして能動的に神経システム自体を制御する機制をもっている。それらの機制を神経エネルギーの量の遷移の問題として記述するには、どうすればよいのか。フロイトは、神経システム全体を制御しようとする心的装置の原動力を「生の困窮（Not des Lebens)」という概念で説明しようとする。われわれは単に外から刺激を受けるだけでなく、神経システムを通じて達成しなければならない課題を内在的な欲求としてもっている（cf. Freud Nb, 390f.)。飢えや渇きなどの「栄養摂取欲求」は、外的な刺激のように透過して済ませることができない負荷を心的装置に与える。その負荷が、与えられる情報を「記憶」として蓄積し、それを用いて適切な対応をするように促す契機となる、とフロイトは考えたのである。すぐ後に見るように、こうした心的装置における構造化の原動力は、「欲動」という精神分析の基本概念として位置づけられることになるだろう。

「生の困窮」は、こうして「記憶」と呼ばれるシステムの構築を心的装置に課す。だが、それはどのように実現されるのか。フロイトは、外界からの刺激や内的な欲求によって発生するエネルギーの一部を保持するような神経ニューロンを考えることで、その問題に答えようとした（cf. Freud Nb, 391)。つまり、「接触障壁」を介して他とつながる「ψ《プシー》ニューロン」のネットワークを考えたのである。ψニューロンは、接触障壁の抵抗の度合いに応じて「非透過率」をもつ。その非透過率は一様ではなく、反復によって減じるものとみなされる。こうして透過率が上昇してψニューロン間のエネルギーの伝達が円滑になることを、フロイトは「通道（Bahnung）」が形成されると表現した。そして、「記憶」と呼ばれるものは、その通道の布置によって示されるというのである。「記憶はψニューロン間の通道の差異によって体現される」（Freud Nb, 393. 強調はフロイト。以下、特に指示のないかぎり、引用中の強調は原著者による）。記憶とはつまり、特定の刺激に対するエネルギーの流れが特定の道筋を通り、神経システム内で同じエネルギーの布置が成立することとして示されるのだ（cf. Freud Nb, 392f.）。

どのψニューロンも複数の他のψニューロンと結合しており、どの接触障壁が通道するかについては選択の余地がある（cf. Freud Nb, 394）。ひとつのエネルギーの流れは複数の経路をたどる可能性をもっており、その可能性もまた通道の程度に応じて変化する、とフロイトは考えた。そこでは、精神物理学で示されたグスタフ・フェヒナー（一八〇一―八七年）の法則が念頭に置かれている。エネルギーの流れは、一定の閾値を超えると別の通道に流れる回路のようなものと想定されるのである（cf. Freud Nb, 408）。そうしたフェヒナーの法則に基づいて、フロイトは図1のようなψニューロンの「複合化」を考えた（cf. Freud Nb, 407f.）。

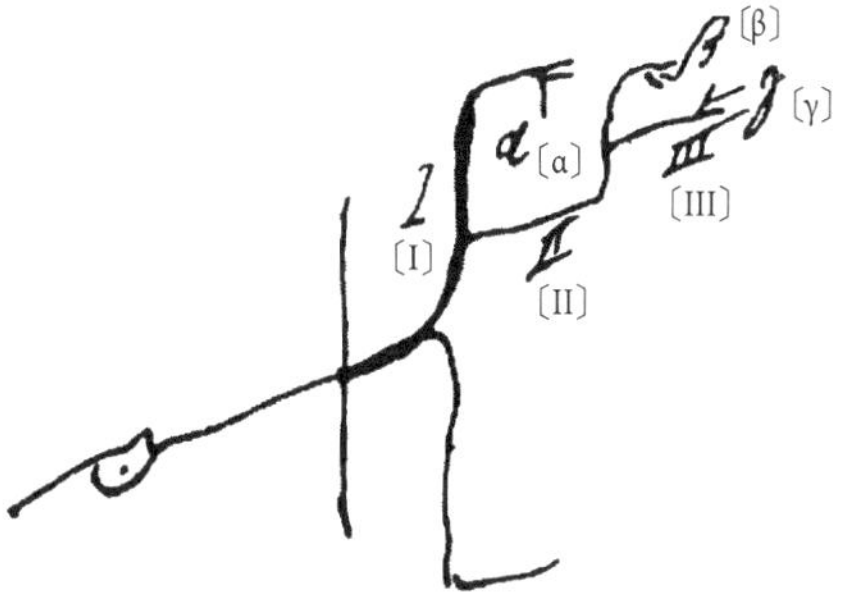

図1

そこでは、例えば一単位のQή が通るのは図1の「I」だけで、「α」のみがエネルギーの終着点と考えられる。しかし、二倍のQή が流れる場合には、「II」の通道にも一部が流れることになるだろう。同様に、三倍の量のエネルギーが流れる場合には、それは「III」へも通じることになる。こうして、量に応じてψニューロン間の通道が変化し、構造化されることを通じてフロイトは記憶が形成されると考えたのである。

「欲動」

ψニューロンのネットワークによって表現される心的装置は、しかし外的刺激に応じて記憶を保持するだけではない。先に「生の困窮」と呼ばれたものが、その欲求を実現するために、心的装置に働きかける契機となる。フロイトは「身体内部からψニューロンへと直接の経路が通じている」(Freud Nb, 408) といい、そのことを「欲動による備給」と表現する (cf. Freud Nb, 410)。フロイトの最初期の「欲動」の用法である。ψニューロンのネットワークに内側からエネルギーを供給し、システムを制御する欲動の働きが「あらゆる心的活動を養う動因」とみなされるのである。

この「欲動」という概念は、後にフロイトにおいて「メタ心理学」の「基本概念」として位置づけられることになる (cf. Freud X, 214)。ここでいう基本概念とは、先に見た、あらゆる科学の基礎となる理論的な仮定を指すものである (cf. Freud X, 210)。フロイトは「欲動」の概念を、それ自体は観察によって示せないものでありながら、それを措定することで初めて現象を記述しうるものとみなしているのである。フロイトの「メタ心理学」の柱のひとつとして位置づけられる「力動論」は、このような欲動の概念を軸にして展開されることになる。

「連合」

では、ψニューロンのネットワークに欲動はどのように介入するのだろうか。フロイトは「連合」と呼ばれる概念を用いて、それを説明する。

連合とは、そもそも、ホッブズやロックの認識論に取り入れられ、ヒュームによって人間の認識の中核をなすものとして位置づけられた概念であった。ヒュームによれば、人間の認識はすべて、観念の結合によって説明される。連合は、その観念の結合のひとつの方法を示し、記憶において与えられる観念の連なりを能動的に組み替えるものとされた。フロイトの時代にあって、それは「連合心理学」と呼ばれる新興の「科学」の「基本概念」でもあった。

ヒューム由来の観念連合が人間知性に意識される観念の連関を説明するものだったのに対して、フロイトの「連合」は意識とは無関係に記述されるものであることに注意しておきたい。すぐ次に見るように、フロイトにおいて「意識」とは、心的装置の限られた部分を示すものにすぎないのである。

「あるψニューロンαに対する量的備給は、αとβがかつて同時にϕ〔ニューロン〕から（あるいは他から）備給されていたなら、二つ目のニューロンβへ移行する」（Freud Nb, 411）。それは「つまり、α-βの同時備給によって接触障壁が通道されていた」（ibid.）ことを意味する。ψニューロン間の通道が問題であるかぎり、連合もまた、基本的には記憶と同じように、特定の状況に対応した神経エネルギーの布置を示しているといえる。

しかし、欲動は、この関係に基づいて外的状況を「再生的に想起」し、かつてあったが今は少なくともまだ与えられていないものを予期することができる。必ずしも外界からの刺激には拠らないエネルギーの布置を、欲動は内側から備給することによって再現することができるのである。

例えば、飢えに駆られて泣き叫ぶことが、他者の援助を介した栄養摂取の成功として記憶に刻まれたとしよう。心的装置は、その記憶を同様の状況を解決するための手段とすることができる。飢えという内在的なエネルギーの備給が再び興《おこ》った際、心的装置はかつてのψニューロンの連関を介して「泣く」という行為を能動的に選択することができるのだ。その選択は、なお意識とは無関係なものであり、ψニューロンの連関の内側からの備給として示される。フロイトによれば、「幻覚」と呼ばれる現象も、このような欲動の側からの「再生的想起」として理解されるのである（cf. ibid.）。

「意識」について

内的備給による再生的想起があくまで無意識のものだとすれば、「意識」とはどのようなものなのだろうか。フロイトによれば、「意識」とは神経エネルギーの遷移にともなって生起する質的な感覚とされる。それは、そのつどのエネルギーの流れに応じて発生し、そのつど消え去るものとみなされる。つまり、フロイトにおいて「意識」とは、記憶が形成される場でもなければ、能動的な作用の起点でもなく、神経ネットワークの稼働にともなって発生する、そのつどの感覚にすぎないものとされるのである。質の意識は、それ自体、「保存もされず、痕跡も残さず、再生もされない」（Freud Nb, 403）。蓄積の機能を果たすのは記憶であり、再生の機能を果たすのは欲動による再生的想起である。

それらは、さしあたり意識とは別の機制として働くものとみなされるのだ。[3]
このような意味での「意識」に対応するものとして、フロイトは「ω《オメガ》ニューロン」と呼ばれるものを導入する（cf. Freud Nb, 400ff.）。ωニューロンは、ψニューロンの終端に接続し、特定のψニューロンの備給に際して質的な感覚を生起させる特殊な役割を担うとされる。われわれに意識されるのはψシステムに接続するωニューロンの興奮であり、それが質的な感覚として受容される、とフロイトはいうのだ。

それゆえ、フロイトにおいて「意識」とは、それが脱落しても直ちにシステム全体の停止を意味しないものであることになる（cf. Freud Nb, 404）。記憶とは原理的に無意識の領域に蓄積されるものであり、われわれの意識に上るものはそのうちのごく一部である。精神分析における無意識とは、意識されるものから出発してその存在が仮定される類いのものではなく、意識とは無関係に成立する神経ネットワークの機制として記述されるものなのである。

フロイトのこの観点は、哲学の文脈に照らして、どのような意味をもちうるだろうか。カントにおいて意識は、経験が経験として可能であるために不可欠なものとして超越論的に要請されるものであった。「さまざまな表象にともなう経験的意識は、それ自体としては分散しており、主観の同一性への関係を欠いている。〔…〕表象の多様なものをひとつの意識において私が把握しうることによってのみ、私はその表象を総じて私の表象と呼ぶのである。そうでなければ、自分に意識されている表象を有するのと同じだけ、さまざまに色づけられて相異なった自己を私はもつことになるだろうからである」（Kant, B133f.）。もし時間を通じて同じ意識がないとすれば、われわれはそのつどごとに別々の

「私」をもつことになるだろう。そのつどごとの表象に分散された「経験的意識」は、現れては消えていくだけで蓄積されない。経験が経験として蓄積されていくには、与えられるそれぞれの表象が常に同一の「私」に与えられなければならない。カントは、そうしてすべての表象がそこにまとめられる意識を「超越論的」に要請したのである。

だが、フロイトが示したのは、そのつどの意識、すなわちカントが「経験的意識」と呼ぶものは、まさにそのつど消え去るものでしかない、ということであった。意識がそのつど消え去るものだとしても、記憶や認識を支える構造は別様に考えることができる。カントのように、そのために時間を通じて同一の意識の存在、いかなる経験的な根拠も見出すことができないものの存在を、単なる理論上の必要のために超越論的に要請する必要はない、とフロイトは考えたのだ。

意識についての宗教的とでもいうべき考え方と訣別しなければなりません。暗黙のうちに近代人は次のように考えます。つまり、起源以来、宇宙で起きてきたすべてのことは、考えるものへと向かって収斂する、と考えるのです。〔…〕この愚かな科学主義的無神論は、人類史においては比較的新しいものです〔…〕こう考えてみてください。意識というもの、それは「イメージ」と呼ばれる何かを生み出すことができる、ある表面が与えられるたびごとに生じるものである、と。しかも、これはまったく思いがけないところで、互いにまったく離れたところでも生じます。これが意識についての唯物論的定義です。（S-II, 63ff.／(上)七七以下）

ラカンもまた、フロイトの議論を強く意識しつつ、近代哲学が前提にする意識の独断性を批判している。そのつど、とびとびで発生する意識現象は、カントのように時間的に同一の意識にまとめ上げられる必要はない。それはそのままのかたちで記述しうるものであり、それが意識についての「唯物論的定義」だとラカンはいうのである。心的装置を意識とは別の領域で構造化されるひとつの「機械」とみなす考え方についてのラカン的展開については、次章で詳しく見ることになるだろう。

「思考」の重層化

フロイトの「心理学草案」に戻ろう。無意識の欲動は「連合」によって予期されるものから「思考」へと誘われる、とフロイトはいう。

例えば、幼児が乳房の側面からのイメージ刺激を与えられたとき、かつて獲得された乳房の正面からの映像（に対応するψニューロンの備給）が連合によって喚起される、とする（cf. Freud Nb, 423f.）。それらのイメージ刺激が質的な感覚として意識されているかどうかは、なお問題の外にある。連合によって獲得された乳房の正面からの映像（に対応するψニューロンの備給）は、さらにかつて乳房を吸って獲得した享楽の記憶へ連なっている。

このとき、心的装置は、知覚によって実際に備給されたψニューロンａ（＝乳房の横からのイメージ）から、正面からの映像に対応するψニューロンｂを備給するわけだが、そこでは「ａはｂである」という「判断」が成立している、とフロイトはいう。心的装置は、この「判断」に基づいて実際の運動を制御するのである。では、ｂの予期によって導かれた運動が、期待と異なるｃを帰結した場合はどうなるだろうか。心的装置は、そこで「考える」ことになるだろう。内的に備給されたψニューロンと、知覚によって生起するψニューロンの備給の間の差異が、「判断」の複雑化と重層化を可能にする、とフロイトはいう(cf. Freud Nb, 426)。心的装置は、そうして予期された好ましい帰結(=乳房を吸う)に向かって試行錯誤を繰り返し、乳房に関して得られる周辺的な情報を総合するに至るのである。このような過程が、フロイトのいう「思考」にほかならない。こうした経験の積み重ねの中で、ψニューロンのネットワークは複雑な状況に対応しうるようになるのである。

言語連合と無意識の「思考」

さらに、この「思考」は「言語連合」と呼ばれる機制を用いる、とフロイトはいう(cf. Freud Nb, 455)。同じ「連合」という語が用いられているものの、新たに導入される言語連合は、先に見た連合と同じものではない。過去の経験の同時性に基づいて予期を行う連合は記憶の形成に関わり、外的な刺激との関係を強くもつものであった。それに対して、言語連合は、実際の知覚をともなわずに、内在的な秩序を形成しうる点で区別される(cf. Freud Nb, 456)。言語連合は、音表象のニューロンと他のψニューロンとの連関を示すが、それは知覚と無関係に成立するといわれるのである。

しかし、内在的に構成される言語連合は、ψニューロンのネットワークに通道を形成する点では、連合と同じように作用する。「ここでわれわれが気づくのは、〔言語連合を介して〕自我自身が同じようにψニューロンに備給を行い、経過を喚起し、この経過を痕跡として間違いなく通道を残すに違いない、ということである」(ibid.)。内在的な秩序に基づく言語連合が認識を構成する連合と同じ通道を形成することは特筆に値する。次章で詳しく見るように、言語構造が認識を規定するという構造主義的言語学の主題は、フロイトの図式でいえば、言語連合によって通道が形成されることとして理解できる。ラカンの構造主義的言語学の取り入れは、フロイトの「心理学草案」の読み直しの作業を通して進められたのである。

その点に関係して、ここで語られる「思考」が、なお意識とは無関係に語られるものであることを確認しておこう。「思考過程は、フロイトが記述しているように、それ自体、本性的に無意識的なのです」（S-VII, 41／㊤七〇）。ラカンは、こうして「心理学草案」のフロイトの理論的可能性を引き出している。

だが、このラカンの解釈は、フロイトのテクストの読解という点では、なお注釈を必要とする。フロイトのテクストは、一見するところ、ラカンの読みを否定する内容を示しているように見えるのである。少し立ち入って見てみよう。

フロイトは「判断」が成立する条件として「現実指標」と呼ばれるものを導入していた（cf. Freud Nb, 424）。心的装置が「思考」するものだとして、その判断の妥当性はいかにしてはかるのか。フロイトはその基準として現実指標を導入し、それを「ωニューロンの放散」に求めた（cf. Freud Nb, 421）。「ωニューロン」とは、先に見たように、意識現象を発現するものであった。それゆえ、ここでのフロイトの議論は、何らかの質的感覚の意識が判断の妥当性をはかる基準となる、としていることになる。フロイトにとって「思考」は、意識の助けを得ながら機能するものとされているのである。

しかし、フロイトは言語連合についての考察に歩みを進める段で、この点に修正を加えている。すぐ前に見たように、言語連合は認識作用と同じ通道を形成するのであった。「ここでψは、こうした〔言語連合によって展開される〕思考過程の帰結を知覚過程の帰結から区別する手はずをもたない。知覚過程であれば、ωの放散との連合によって認識され、再生されうるが、思考が作り出した通道で残るものは結果だけであり、記憶ではない。同一の思考通道は、一回の強力な過程によっても、より浸食性の乏しい過程が一〇回繰り返されても発生しうる。この不足を補うのが言語放散指標であり、それが思考過程を知覚過程と同等のものとし、それに現実性を付与して、その記憶を可能にするのである」(Freud Nb, 456)。内在的な「思考」によって形成される通道は、もはや外界に対応するものの意識(=「ωの放散」)によって現実性を付与されるのではない。言語連合の妥当性は「言語放散指標」と呼ばれる独自の内在的な原理によって示される、とフロイトはいうのである。言語によって認識が規定されるとして、その言語の適用を正しいと判定するものは何なのか。フロイトが「言語放散指標」という概念で示したものの内実については、次章でラカンの議論に即して見ていくことになるだろう。[4]

ここで見ておくべきは、言語連合の妥当性を「思考」に内在的に規定しうると考えることで、再びその過程を意識とは独立に規定できる点にある。ラカンがフロイトを解釈して「思考過程は〔…〕本性的に無意識的なのです」といいうる理由も、この点に存すると考えられる。「無意識は言語として構造化される」というラカンの有名な命題もまた、このようなフロイトの議論に立脚するものと考えることができよう。心的装置は、意識とは独立に、言語によって経験を秩序化する機制をもつのである。

一次過程と二次過程――「現実的なもの」の残存

しかし、「思考」によって新たに形成される通道は、はじめに形成された通道と同等に扱われるとしても、上書きによってそれを消すものではない、とフロイトはいう。フロイトは通道の形成における一次過程と二次過程を区別する。「思考」による二次的な通道が一次的な通道を消去するわけではない。「思考は、一次過程によって作り出された通道を本質的には変化させてはならないのであって、そうでなければ現実の痕跡を偽造してしまうことになるだろう」(Freud Nb, 430)、「現実記憶は、それに関するいかなる思考によっても変容をこうむってはならない」(Freud Nb, 468)、「思考が残す通道は、すべて高い水準で初めて作り出されるもの」(Freud Nb, 469) であり、一次過程における最初の「現実記憶」は、いかなる変容もこうむらずに残される、といわれるのである。

心的装置が自らの能動性によって通道を上書きしても、最初に形成された通道は「現実」として残される。これは、フロイトが臨床の経験の中で見出した現象を説明するためにも、どうしても導入しなければならない契機であった。ヒステリー患者の臨床において、フロイトは患者の記憶の奥底に患者自身の認識の外に置かれているものを見出した。催眠状態に置かれたヒステリー患者が、自らの意識の外に置かれた、抑圧された記憶を再現するという現象をいかにして説明しうるのか。これまで見てきたフロイトのモデルは、当時オカルティックな関心で観察された現象を、ある程度まで「科学的」に説明しうるものとなっている。連合によって形成される予期は、欲動に動機づけられているかぎりにおいて、心的装置にとって望ましい帰結をもたらすように認識を構造化する、ということができるだろう。フロイトによれば、「痛み」をともなった記憶は、過去の経験の同時性に即して予期されても、心的装置によって再生しないよう制御される（cf. Freud Nb, 412f.）。その記憶は、しかし常に回避されるように別様に通道されたとしても、なおそのまま残されるといわなければならない。フロイトは、こうして現実記憶の残存を考えることで、意識の外に抑圧されたものの回帰を説明したのである。

現実記憶と言語による記憶を区別することで、フロイトは言語化されない記憶の領域を示したことになる。「現実的なもの」として与えられた記憶は、言語によって認識が構造化された後にも、「いかなる変容もこうむらずに」残される。それは言語連合によって想起されうるものの外に置かれるのだ。先に見たように、言語連合を用いる「思考」が、それ自身、無意識的なものであるとすれば、言語の外にある「現実的なもの」は単なる無意識とは別の次元で記述されなければならない。後にラカンが「現実的なもの」という概念によって語る事柄は、現実記憶をめぐるフロイトの議論を基礎にして展開されるのである。

精神分析は科学か

さて、このように示されるフロイトの心的装置のモデルは「科学」と呼びうるものだろうか。「科学」と呼ばれるものが、「基本概念」を設定し、それに基づいて従来の認識の枠組みでは理解しえなかった現象を論理的に説明するものだとすれば、まさにフロイトの理論は科学以外の何ものでもないということができる。ヒステリー患者が提示する症状を、理解不能であるがゆえに演技とみなしたり、逆に謎めいた真理を示すものとしてオカルティックに称揚したような同時代の非科学性から、フロイトは遠く隔たっている。フロイトは、人間を理性的存在者として超越論的に要請する哲学的な前提からも離れて、新たに基本概念を措定するところから理論を構築しようとする点で、極めて科学的と呼びうる議論を展開しているということができるのである。

ただし、そこで問題になる「科学」は、通常「科学」と呼ばれるものが前提にする理論的枠組み自体を問い直すかぎりにおいて、むしろ「哲学」と呼ばれるべきものかもしれない。「精神分析は科学か」という問いは、少なくとも、「科学」という概念で語られるものについての原理的な考察を抜きには不可能だろう。実際、フロイトの理論は、科学の歴史的相対性を示す理路を開いたカントの前提自体を問い直すものであった。時間を通じて同一の意識を前提にせず、超越論的な主観性なるもの自体が成立する構造は、どのように説明されるのか。その問いは、すぐれて哲学的なものとならざるをえない。

こうして、われわれは今一度、若きラカンへと立ち戻ることになる。というのも、「鏡像段階論」と呼ばれる初期のラカンの議論は、まさにそのような「自己」の成立を問題にするものだったからだ。意識とは独立に作動する心的装置において、「自己」の意識はどのように成立するのか。すぐれて哲学的といいうる問いに、ラカンはヘーゲルの「主人と奴隷の弁証法」を下敷きにした解答を与えることになる。精神分析を採用した博士論文を終えたラカンは、コジェーヴによるヘーゲル読解との出会いによって、その可能性を広げていくのである。

3　鏡像段階のヘーゲル——初期ラカンにおける「自己」の形成

フランスにおけるヘーゲル

一九三三年、三二歳になったラカンは、精神分析についての本格的な教育を受けると同時に、アレクサンドル・コイレ（一八九二—一九六四年）やアレクサンドル・コジェーヴ（一九〇二—六八年）経由で、ヘーゲルの哲学に触れる。高等研究実習院（EPHE：後にCNRSやEHESSへ分化）の講師をしていたコイレは、弟の妻の愛人であったコジェーヴを気に入り、自分がもっていた講座を任せた。現代物理学を古代物理学と比較する哲学研究で論文を準備していたコジェーヴは、半年の準備で哲学史上に残る「ヘーゲル『精神現象学』入門」の講義に臨む。ラカンよりもひとつ若い三一歳のコジェーヴの講義には、ジョルジュ・バタイユやピエール・クロソフスキー、レイモン・クノー、レイモン・アロン、ロジェ・カイヨワ、モーリス・メルロ゠ポンティ、アンドレ・ブルトンなど、その後のフランス思想の担い手たちがこぞって出席していたといわれる。

当時、ヘーゲルはフランスでまったく知られていないわけではなかった。一八五九年に出版されたオーギュスト・ヴェラによる『小論理学』の翻訳などによって、ヘーゲルはフランスにも輸入されていた。だが、同時代的な思想の課題を解決する哲学としてヘーゲルがにわかに脚光を浴び始めたのは、一九三〇年代に入ってからだったといわれる。一九三一年、ヘーゲル没後一〇〇年を契機にして出された『哲学雑誌』には、コイレやジャン・ヴァール、ヴィクトール・バッシュらがヘーゲルを主題にして論文を寄せている。一九三三年のコジェーヴの講義は、フランスにおけるヘーゲルへの関心が高まる中、その後のフランス思想の展開に大きな影響を与える事件となったのである。

すでにフロイトの精神分析は、当時のフランスにおいて、既存の知の構造を根底から揺るがすものとして認識されていた。一九二四年に出されたアンドレ・ブルトン（一八九六―一九六六年）の「シュルレアリスム宣言」は、フロイトの精神分析の影響なしには考えられない。また、ジョルジュ・バタイユ（一八九七―一九六二年）がフロイトを集中的に読み出したのも一九二〇年代だったといわれる。意識可能な領域で合理的に構成される理論の限界を乗り越え、「不気味なもの」に立脚した「非-知」をあらわにするための理論的な方途として、精神分析は大きな影響力をもった。ラカンの博士論文が親交のあったシュルレアリストたちの間で高い評価を得たのも、そうしたフランス思想全体の文脈があったからだといえるかもしれない。フロイトの精神分析は、当時のフランスにおいて、大きな理論的可能性をもつものとして受けとめられていたのである。

フランスにおけるヘーゲルは、その中で強くフロイトとの関係において理解された。ブルトンは「シュルレアリスム宣言」に対する数々の批判への応答を準備する過程でヘーゲルに助けを求めており、「私にとってフロイトはヘーゲル主義者である」とまで語っている。ブルトンにとって、ヘーゲルの弁証法は、夢に現れる無意識的な事象を現実の物質的な生活に関係づけるための論理を与えるものとみなされた。[5] バタイユもまた、グノーシス主義や神秘主義の伝統の中にヘーゲルを位置づけ、「異質なもの」の論理を示すための弁証法を求めている。時代の趨勢は、ヘーゲルとフロイトに既存の知の枠組みの改革を期待していたのである。

ヘーゲルとフロイト——出発点としての欲望

ラカンはそこで精神分析家としてヘーゲル哲学を取り入れる。この時期のラカンに大きな影響を与えたであろうコジェーヴについて、ラカンはほとんど言及していない。だが、実際にはラカンはコジェーヴの講義に連続的に出席していただけでなく、コジェーヴと個人的な親交も深めていた。ラカンがシルヴィア・バタイユと暮らすようになってからは、しばしば晩餐にも招いたといわれている。

また、ドミニク・オフレの教示を受けたエリザベト・ルディネスコによれば、すでに一九三〇年代の出会いにおいてコジェーヴとラカンは「ヘーゲルとフロイト」を主題に共著で論文を出すことを企図していたとされる。「デカルトの最初のわれ思うは、ヘーゲルではわれ望むになる」（ルディネスコ、一二四頁）。『ヘーゲルとフロイト——解釈の比較対照の試み』というタイトルで出される予定だった研究の端緒と見られる原稿が、コジェーヴの遺稿から見つかっている。このコジェーヴの命題は、「ヘーゲル」を「フロイト」に変えるだけで、そのままラカンの主張になる。「「我欲す（desidero）」、これこそがフロイトのコギトです」（S-XI, 141／二〇二）。

ヘーゲルの主人と奴隷の弁証法における「欲望」は、実際、フロイトがそうであったように、「自己意識」を確立する前のものであった。ヘーゲルは自己意識を欠いた「欲望」から出発して、「自己」の意識が獲得されるまでの論理を示したのである。ラカンの議論の哲学的な可能性をはかるためにも、まずはヘーゲルの議論を参照しておくことにしよう。ラカンは「主人と奴隷の弁証法」からその時々の理論の進展に応じて新しい要素を引き出しているが、本論におけるヘーゲルの参照も、ラカンが引き出す内容に応じて複数回に分けられる。

ヘーゲルにおける「主人と奴隷の弁証法」(1)

先に見たように、カントは時間を通じて同一の意識を超越論的に要請した。しかし、ヘーゲルは、そのような理論的な要請を行わず、そのような意識が成立する論理を示そうとした。ヘーゲルは、いまだ「自己」の意識をもたない「生命（Leben）」あるいは「欲望（Begierde）」を最初に措定し、そこから自己意識が獲得される道筋を示すのである。

「欲望」は最初、自己の存在をそのつどそのつどの感覚において確信するにとどまっている、とヘーゲルはいう。まさにカントがいうように、時間を通じて同一の意識が存在しなければ、そのつどその つどの表象に応じてそれぞれ別の「自己」が見出されることになるだろう。ヘーゲルは、しかし、フロイトと同様に、そのつどの感覚において、そのつどの自己を見出すだけの欲望から出発する。

欲望は自己を「感覚的に確信」している（cf. Hegel, 140）。だが、それは単にそのつどの自分の感覚に依拠した「即自的自己」にすぎない。その時々の感覚に基づいた自己の確信は、その感覚が過ぎ去った後には、そのまま消え去るだろう。「この確信においては、意識もまた、純粋な「これ」としてあるにすぎず」、「対象もやはり、ただ純粋な「これ」としてあるにすぎない」（ibid.）。「これ」は、時間（今）と場所（ここ）の移りゆきに従って次々にその内容を変え（cf. Hegel, 84-85）、そのつどそのつどの確かさだけしか与えないのである。

では、「自己」の意識は、そこからどのように成立するのか。ヘーゲルは、そのつどの感覚において確信されるだけの自己が時間を通じて同一の「自己」になるためには「他者からの承認」が必要だとした。「自己の意識は、自らに即してあると同時に、自らに対してある」(Hegel, 145)。他者の視線を介して自己をそれとして認めることで、「自己」を時間を通じて同一のものとして意識することができるといわれる。自分自身に即して見出される自己(即自的自己)に加えて、同時に、他者からそのように承認された「自己」(対自的自己)が見出されることで「自己意識」が成立する、とヘーゲルはいうのだ。

だが、それぞれの欲望が「他者からの承認」を求め合うことで「死を賭した闘い」が起きるとされる。「死を賭す」という過剰に文学的な表現は、おそらく単なるレトリックではない。というのも、自分自身に即して自己を確信していた欲望は、ヘーゲルにおいては「生命」と言い換えられるものだからである。他者からの承認を求める闘いに敗れた者は、最初にもっていた「生命」としての即自的自己を失う、といわれるのだ。

他者からの承認を求める闘いは、勝者と敗者を生み、二種類の承認を帰結する。すなわち、勝者は「主人」として、敗者すなわち「奴隷」から「主人」として承認される。他方の奴隷は「奴隷」として主人から認められるのである。すべての欲望がすべて同時に主人となりえないのは(すなわち、必ず勝者と敗者が生み出されねばならないのは)、その場合、主人を「主人」として承認する者が存在しないからにほかならない。こうして主人と奴隷が生み出され、それぞれに応じた「他者からの承認」が獲得されることになるのだ。

奴隷が奴隷として承認されることと、主人が主人として承認されることの内実は、まったく異なる。奴隷はまさに奴隷であることで、自分自身に即して自己であることができない。主人もまた、実際には奴隷によって主人として承認されることで初めて主人であるわけだが、しかし主人であるかぎり、自分自身に即してあることを失わない。主人と奴隷は互いに承認し合う関係にありながら、承認されるものの内実を異にしているのである。

ヘーゲル×フロイト

さて、まずはここまでのヘーゲルの議論を、これまでの文脈に接続しておこう。フロイトは「言語連合」を「意思疎通に寄与する」ものとみなしていた（cf. Freud Nb, 457）。つまり、言語は、ひとつの心的装置の認識の秩序を規定するだけでなく、複数の心的装置の間で共有されることで、同じ認識を成立させる機能を果たすのである。だが、そのような言語の共有は、実際はどのようにして可能になるのだろうか。その哲学的な問題を一から問い直してみよう。

そもそも、カントが時間を通じて同一の意識を要請する必要があったのは、それぞれの主観に相対化されない客観的な認識の成立を説明するためでもあった。経験の内容はひとそれぞれだったとしても、その経験を経験として可能にする意識の構造は、すべてのひとに共通しているということができる。意識をすべての人間に共通の機能とみなすことで、カントは各人の間で共通の認識が成立する構造を記述しようとしたのだ。

ヘーゲルが自己意識の成立要件に「他者からの承認」を繰り入れたことも、同じ問題をめぐっている。ヘーゲルが「対自的自己」と呼ぶこと、すなわち他者を介して自己を自己に対して認めるということは、特定の認識の枠組みを他者と共有し、その中で自己の存在を位置づけることとして理解できるのである。

奴隷は奴隷として承認されているが、それは自分自身に即してではない。自己の存在がそこに見出されるような共通の認識の枠組みは外から与えられるものであって、それを自分で措定することはできない。奴隷は主人からそのように認められることで奴隷であるわけだ。

他方で、主人は自分自身に即してあることを失わない。主人は自分の欲望に即して、共通の認識の枠組みを設定することができる。主人が設定する共通の枠組みの中で奴隷たちが互いの存在を認め合うに至る過程を、ヘーゲルは「主人と奴隷の弁証法」として示したと考えることができる。

フロイトに戻ろう。フロイトは、言語を共有することで心的装置の間で意思疎通がはかられるとした。そこでの言語は、どのように共有されるのか。心的装置における言語の獲得について、フロイトは他者が語る「音像」の解析に求めている。つまり、他者から与えられる音像を解析することによって言語連合の秩序が作られる、というわけだ。だが、そもそもそのような言語は、どのように与えられるのか。そこでは、ヘーゲルが「主人」として位置づけた者の機能が問題となるだろう。心的装置は、他者から与えられた言語を用いて、自らの内的なエネルギーを制御するシステムを構築する。そこで心的装置は言語の主人ではない。心的装置は、こうして他者から与えられた言語に即して認識を構築することで、他の心的装置との意思疎通が可能になるのである。

だが、言語の問題は、単なる意思疎通にとどまらない。心的装置は、意思疎通の手段として言語を用いるだけでなく、言語それ自体を「思考」の内在的秩序とする。言語は単なる手段ではなく、その秩序に即して心的装置自体を制御するものとして位置づけられるのである。言語連合によってψニューロンのシステム自体が構築されるのであれば、その機構は成立においてすでに、言語を与える者に依存していることになる。こういってよければ、心的装置は共通の言語を用いることにおいて、すでに「奴隷」であるのだ。共通の認識の枠組みにおける自己の確立は、こうして「主人と奴隷の弁証法」として示されることになる。

後にラカンは、ここに構造主義的言語学の知見を加え、無意識の構造を規定する論理を示すことになるが、それは次章で見ることにしよう。鏡像段階論のラカンは、まだその手前にいる。

マリエンバートとチューリヒのあいだ

一九三六年、ラカンはマリエンバートで開かれた国際精神分析学会において「鏡像段階論」と呼ばれる理論を発表する。ラカンは後年まで鏡像段階論の独自性を繰り返し主張した。だが、「鏡像段階」という概念自体は、アンリ・ワロン（一八七九―一九六二年）から引き継いだものだった。ワロンは、生後六ヵ月ごろの乳児が、鏡に映った自分の像に喜ぶことを、発達上のひとつの段階に数えた。ラカンはこの概念を独自に練り上げて、精神分析の論理として示したのである。

しかし、実のところ、一九三六年のラカンが実際にどのような議論を展開していたのかについては、われわれはほとんど何も知らない。マリエンバートでの精神分析家として初めての発表の場で、ラカンは与えられた時間を大幅に超過し、座長のアーネスト・ジョーンズ（一八七九―一九五八年）

に中断させられているからである。この処置にラカンは怒り、発表原稿を学会に提出しなかった。それゆえ、マリエンバートのラカンの発表の内容は、現状知りえない。

ラカンの鏡像段階論がラカン周辺のサークルを越えて知られるようになったのは、一九四九年、チューリヒでの国際精神分析学会以降のことであった。われわれが「鏡像段階論」として参照できるのは、そのときのものである。「〈私〉の機能を形成するものとしての鏡像段階」と題された論文は、四八歳のラカンによる。最初の発表から一三年の間、ラカンが理論的な側面でどのような発展を見たかを跡づけることは難しい。だが、この間にラカンがフランスの精神分析の実践的な側面で頭角を現したことは確かである。精神分析家を養成するための教育分析を多く手がけることで、ラカンはフランスにおける若手精神分析グループで中心的な位置を占めるようになっていた。ラカンの鏡像段階論の内実を確認しておこう。

「寸断された身体」と「自己」の獲得

鏡像段階に至る前の乳児は自己を統一的なものとして把握していない、とラカンはいう。そこで、乳児は自己を「寸断された身体（corps morcelé）」（E, 97; S-II, 15f. ／㊤八八）として意識する。このような自己のあり方は、ヘーゲルにおける「生命＝欲望」の次元のものとみなすことができるだろう。その自己は、そのつどの感覚において確信されるが、なおひとつの統一した自己へと統合されない。鏡像を発見する前の乳児は、このような分裂状態を生きる、とラカンはいうのである。

しかし、乳児は鏡に映った自分の身体イメージを自己とすることで「寸断された身体」を統合できる、とラカンはいう。乳児は鏡の中に見出される対象を自己とみなすことで、「寸断された身体」を統合すると同時に、その鏡像にとらわれる。「鏡像段階とは、〔寸断された身体という〕不十分なあり方から〔鏡像の〕先取りへと飛び込んでいく、ひとつの悲劇」(E, 97) である。ヘーゲルにおける「主人と奴隷の弁証法」がそうであったように、「生命＝欲望」としての存在は、他者から認められる対象として自己を見出すと同時に、鏡像という「疎外する自己同一性の鎧《よろい》」にとらわれることになるのである (cf. ibid.)。

しかし、乳児はなぜ、あえて「自己同一性の鎧」へと疎外されるのだろうか。例えばサルは鏡に映った鏡像が虚像であることが確認できれば、すぐに関心を失うといわれる (cf. E, 93)。乳児は、しかし、それが単なる鏡像であるのを理解した上でなお、その虚像を「自分」とみなす。そのような対象に自己を切りつめることは、乳児に「小躍りするような快楽」さえ与えるといわれるのである。

乳児が喜ぶのは、その鏡像が他者から見た自己であるからにほかならない。単に自分の認識だけが問題なら、切りつめられた対象をそのつどの感覚において確信される自己と同じものとみなす理由は特にない。鏡に映った像は、確かに自分の動きに連動して変化する特殊な対象とみなされるだろう。だが、それだけでは、自分自身に即してあることを離れて、ひとつの対象に自己同一化するだけの動機にはならない。鏡像が乳児にとって重要なのは、その対象が他者からもそのように見えるからである。乳児があえて自己を対象へと切りつめるのは、その自己が他者の視線においてそう見えるものだからなのである。「寸断された身体」として、そのつどの感覚に即して自己を見出す乳児は、「他者からの承認」を求めるからこそ、鏡像というひとつの対象の中に、あえて自己を切りつめるのだ。

しかし、「他者からの承認」の要求は、「双数的（＝決闘的）関係〔relation duelle〕」（E, 30）と呼ばれる関係を帰結せざるをえない、とラカンはいう。他者の視線の中の自己を対象とすることは疎外をもたらすが、それはヘーゲルがいうように、乳児が自分自身に即してあることの放棄を要求する。与えられる像の中に自己を切りつめながら、なお自分自身に即してあることは可能か。乳児はそこで、まさにヘーゲルがいう意味での承認をめぐる死を賭した闘争に至ることになるのである。

ヘーゲルの「主人と奴隷の弁証法」は、こうしてラカンにおいてひとつの精神分析の理論として位置づけられることになった。だが、ラカンの鏡像段階論は、この後、構造主義的言語学の導入を経て、より精緻な哲学的議論へと練り上げられることになる。ラカンの議論の展開を追うことにしよう。

第二章

言語論

「叡智的世界」の
理念性について：1953〜56年

1 「父」の審級

一九四九年、クロード・レヴィ゠ストロース（一九〇八―二〇〇九年）の博士論文『親族の基本構造』が出版されると、フランスの思想界は衝撃を受けた。ロマーン・ヤコブソン（一八九六―一九八二年）を経由して構造主義的言語学の知見に触れたレヴィ゠ストロースは、未開社会を成立させている固有の論理を示してみせる。「未開社会」とみなされた社会には西洋の合理性とは異なる論理が機能しており、人々はその論理に即して社会を構築していることが示された。

精神分析と人類学は、それ以前から密接な関係をもつものだった。ジェームズ・フレイザーをはじめとした人類学に影響を受けて、フロイトは『トーテムとタブー』を書いている。フロイトの時代に「集団心理学」と呼ばれた学問は、今日の社会心理学の基礎になっているが、フロイトは人間の社会的な行動についても分析を加えた。集団をなした人々は、しばしば理性的な行動原理から逸脱した行動をする。だが、そのような非合理的な行為は精神分析的に説明可能である。人類学が対象としたような未開社会の論理もまた、同じように精神分析の対象となる。実際、人類学史上、初めて参与観察に基づく研究をしたマリノフスキーは、その成果の発表に際して、フロイトの学説との突き合わせを行っている。合理的な理性モデルを前提としない精神分析は、未開社会の精神構造を理解するための理論的源泉になっていたのである。コイレやメルロ゠ポンティを介して知己を得ていたレヴィ゠ストロースの新しい知見にラカンが素早い応答を示したのは、それゆえ十分な文脈があってのことだったといえる。

ラカンの構造主義との接触の成果は、早くも一九五三年に現れる。五二歳になるこの年は、ラカンにとってシルヴィア・バタイユと正式に再婚した年であり、短期間だが会長を務めていたパリ精神分析協会を脱退し、ダニエル・ラガーシュ（一九〇三―七二年）が新たに設立したフランス精神分析協会に合流した年でもあった。そして、この年にラカンは、その後二〇年以上続くセミネールを始めている。そこでラカンは構造主義的な知見を応用して、精神分析に画期的な変革をもたらすのである。

「父殺し」と「自我理想」の成立

では、フロイトは未開社会にどのような論理を認めていたのか。まずはその点を簡単に確認しておこう。

一八八九年に出版されたウィリアム・ロバートソン・スミスの『セム族の宗教』、一八九〇年のフレイザー『金枝篇』といった人類学の著作は、合理性が支配する以前の社会における神話や祭祀などの記録に基づいて、その社会的な構造を論じるものだった。後年「安楽椅子の人類学」といわれて厳しい批判と検証の対象となるこれらの人類学研究は、しかし一九二二年のマリノフスキーの研究以前には、未開社会の人々の心性を考察するための重要な著作であった。フロイトによる『トーテムとタブー』（一九一三年）や『集団心理学と自我分析』（一九二一年）もまた、基本的にはそうした文献学的な人類学の知見の上に書かれている。

人々はかつて「群族」を作って暮らしていたが、それらの群族は力の強い一人の「原父」によって支配されていた、という想定から議論は出発する。原父は群族のすべての女性を所有し、その所有を脅かそうとする者に対して無制約的な暴力を用いたとされる。息子たちは父に脅え、父の設定する無慈悲な法に服して生きることを余儀なくされていた、という物語である。

多分に神話的な、こうした議論の是非を性急に問うことは控えよう。まずはフロイトの語るところを聞くことにしたい。こうした最初期の社会は、息子たちの革命によって乗り越えられる。虐《しいた》げられた息子たちは団結し、ついに父を殺害するに至る。父が殺されることで、それまで各人が服してきた法は無効になるだろう。無慈悲な父による懲罰が存在しない以上、残された者がその法に服する積極的な理由は存在しない。しかし、そうした法の欠如は、必然的に兄弟間の争いを生み出すことになるだろう。群族の人々は、今や誰の「いうこと」を聞くべきなのか。そこには共通の行動の枠組みが失われていることになる。父を失った兄弟たちは、いかにして共通の法を制定するか、という問題に直面することになるのだ。

このとき、兄弟たちの中でとりわけ力の強い者が新しい父になり、再びかつての独占が繰り返される可能性は十分にある。その場合は、同じ過程が繰り返されるだけである。しかし、ここで彼らには別の選択肢もある。すなわち、父殺しの後、各人がなお、かつての父の法を遵守し続ける、という道である。もはや力によって法の遵守を強制する父はいないが、兄弟たちの合意によって同じ法が、なお法として機能しうる。罪責感の裏に現れる「父の亡霊」が、父なき後の法の強制力を担保する、と精神分析的に論点を補強できるかもしれない。兄弟たちは、そうして亡き父をともに祀《まつ》ることで、誰か一人を特権化することのない「平等」な社会を得るのである。

　このような物語は実際確かに、単なる物語にすぎない。だが、それをひとつの理論的モデルとして彫琢することができれば、そのかぎりではない。物語に内在する論理を、人々の間で共通の法が成立する構造を示すものとして取り出すことができれば、そこに理論的価値を見出すことは可能だと思われる。実際、すぐ後に見るように、父殺しの物語は、前章で見た「主人と奴隷の弁証法」と親和的なものである。その場合、父が主人であり、兄弟たちが奴隷に対応する。奴隷は主人が措定する枠組みに準拠することで初めて、同じ認識の中に互いの存在を位置づけることができるのだ。奴隷たちはやがてヘーゲルにおいても主人を排する道をとるが、それは後に見ることにしよう。ここでは、まずフロイトが父殺しの物語をどのように理論化したのかを見ておきたい。

　フロイトによれば、父亡き後の兄弟たちがなお共通の法に服して社会を形成しうるのは、彼らがともに同じ父に「同一化」するからだとされる（cf. Freud IX, 173）。同一化についての議論は『集団心理学と自我分析』で深められ、「自我理想」の共有による社会形成の論理として示された（cf. Freud XIII, 128）。フロイトによれば、特定の集団に属する人々が同じ道徳感情を内在化させ、それによって自らの行為を規定しうるのは、その集団に属する人々が同じ自我理想に同一化することによる、といわれる。フロイトは、この議論をカントの定言命法の成立を示すものだと自負しているが（cf. Freud IX, 4）、実際、われわれはこれを哲学の文脈で検討することができる。

カントにおける「叡知的自己」

先に見たように、カントは時間を通じて同一の自己を超越論的に要請しないかぎり、経験が経験として成立しないと考えた。われわれが異なる内容の経験をして、なお同じ事柄を認識できるのは、同じ自己意識の機能をもち、同じカテゴリーのもとで物事を認識しているからだ、といわれたのである。そのような自己の意識は、カントにおいて「叡知的対象」とみなされた。

> 人間は、全自然を一般にひたすら、ただ感官を通して知るのみであるが、単なる統覚によって、また自己自身を認識するのであり、しかも自分でも感官の印象に数え入れることのまったくできない行為や内的規定において認識するのである。したがって、人間は自己自身に対して、一面においては、もちろん現象体であるが、しかし他面においては、ある種の能力に関してまったく叡知的対象である。なぜなら、彼の行為は感性の受容性に全然数え入れられないからである。
> (Kant, A546 / B574)

カントはこういいながら、それ自身は経験に基づかず、経験を可能にする自己意識を「叡知的対象」とみなしている。それは、カントにおいて、経験的に見出される自己と区別され、人間があるべき理想像を示すものとして位置づけられることになる。

叡知者たちのこの世界は、単なる自然としては、ただ感性界と呼ばれうるにすぎないけれども、しかし自由の体系としては、叡知的、つまり道徳的世界と呼ばれる。こうした叡知者たちの世界における諸目的の体系的統一は、不可避的にすべてのものの合目的的統一にも至る。〔…〕このようにして、諸目的の体系的統一は実践理性と思弁的理性を合一するのである。(Kant, A815 / B843)

こうして、カントは「叡知者たちの世界」を「道徳的世界」とみなし、各人がその実践において規範とするべきものとしたのであった。

しかし、カントは、そのような自己が理想化される根拠を示せなかった。カントによれば、われわれがすべて同じ自己の意識の機能をもつことにおいて、すでに理性の命じる道徳法則に従うことが義務づけられた。道徳法則は「理性の事実」であり、ひとは道徳法則に合致した行為をすることで初めて「自由」だといわれたのである。

では、われわれがそうあるべき「叡知的自己」は、どのような過程を経て各人に内在化されるのか。フロイトにおける自我理想の形成の問題は、こうして哲学的な議論として問い直されることになる。フロイトが原父の神話から引き出した論理は、哲学的な議論の文脈ではどのように評価されうるのか。あらためてヘーゲルの「主人と奴隷の弁証法」を参照することにしよう。前章で引いたヘーゲルの議論には続きがあった。

ヘーゲルにおける「主人と奴隷の弁証法」(2)

承認をめぐる死を賭した闘いを経て、奴隷は奴隷として主人から承認され、主人は主人として奴隷から承認される。奴隷は、しかし自分自身に即してあることを失い、主人はなお自分自身に即してある。われわれはそこに、各人に共通した認識の枠組みが措定される論理を見出したのであった(第一章3節を参照)。すなわち、主人は枠組みを措定する者であり、奴隷は主人の枠組みに服する者とみなされた。

このとき、しかし奴隷にとって主人は実は必要不可欠なものではない、とヘーゲルはいう。主人は奴隷によって主人として認められることで初めて主人たりえた。奴隷もまた、主人によって奴隷として認められることで奴隷であるわけだが、しかし奴隷が奴隷であるために主人が実際に存在している必要はない、とヘーゲルはいう。奴隷はすでに奴隷として「死」を経験している。そのかぎりにおいて、「奴隷の意識は、畏怖を感じることにおいて内面深くに解消し、心中動揺せぬところなく、心中いっさいの執着を震撼させられた」(Hegel, 153)。そのような「畏怖」を内面化することにおいて、奴隷は目の前に実際の主人がいなくとも、「死」それ自体を「絶対的主人」とみなしうる、とヘーゲルはいうのである。

奴隷が奴隷であるために主人を必要としないなら、主人はもはや主人たりえない。主人は奴隷によって主人として認められるかぎりにおいて主人なのであった。こうして、ヘーゲルの「主人と奴隷の弁証法」では、最終的に主人は排され、奴隷たちが自らに即して奴隷である状態が到来することになる。そこで、奴隷たちは「絶対的主人」としての「死」を内面化することで、「われわれ」という

「精神（Geist）」を共有するに至る。「意識は、概念としての精神の自己意識においてに初めて転換点に立ち、そこで感覚的此岸の色とりどりの仮象から、また超感覚的彼岸の空虚な夜から、現在という精神の昼のうちに歩み入る」（Hegel, 145）。そのつどそのつどの感覚においてのみ自らを確信する「仮象」を離れ、主人の支配に身を委ねて自らの感覚を放棄する「夜」を脱して、奴隷たちは「われわれ」の光のもとに自己の存在を認めるに至る。こうして、奴隷たちは「われわれ」という精神を介して、奴隷たちの間で同じ自己を共有するに至るとヘーゲルはいうのである。

このようなヘーゲルの議論は、カントでは前提とされていた「叡知的自己」が実際に共有される論理的な過程を示している。各人が奴隷として同じ自己の意識をもち、規範を内面化するのは、各人が同じ精神を共有するからにほかならない。その精神の共有の過程が「主人と奴隷の弁証法」によって示されるのだ。

ここでのヘーゲルの論理がフロイトの原父の神話に重なるものであることは見やすいだろう。兄弟たちは、団結して父を殺した後、父の亡霊を畏れつつ、それに同一化する。兄弟たちは亡き父を共通の「自我理想」とすることで、奴隷として同じ意識をもつに至る。そこでは、もはや主人としての父は存在しない。それでも、しかし奴隷たちは「死」の恐怖をもとに共通の自己を理想化し、共通の枠組みに服することになるのである。父の神話は、こうして自己意識の成立をめぐる哲学的な議論として見出されることになるのだ。

鏡像段階から「光学装置」へ

では、ラカンは自我理想について、どのように語っていたのだろうか。鏡像段階論におけるラカンは、鏡像による自己の獲得を自我理想への同一化とみなしていた（cf. E, 94）。他者の視線を介して自己をひとつの対象へと切りつめることが、乳児にとっての自我理想の獲得にほかならない。ヘーゲルの「主人と奴隷の弁証法」と鏡像段階論の関係を考えれば、この認定は自然なものといえるだろう。しかし、鏡像段階における自己像の成立を自我理想の獲得と考えることは、「主人による奴隷の支配」の構造は説明できても、「奴隷による主人の廃位」までは示せていない。鏡像において他者の視線を介した自己像を獲得することは、奴隷としての自己の成立を示すものではあっても、主人からの解放までは語りえていないのである。

ラカンは、構造主義的言語学の知見をもとに、この図式を一九五三年に始まるセミネール『フロイトの技法論』で自ら塗り替えることになる。鏡像段階における自己像の成立はそこで「想像的なもの」の領域でのこととされ、自我理想の獲得は「象徴的なもの」に帰属させられる（cf. S-II, 68／(上)八四）。議論の領域を「象徴的なもの」、「想像的なもの」、「現実的なもの」の三つに分けることは、一九五三年、セミネールに先立つ「ローマ講演」で宣言されたものだった（cf. E, 245）。自我理想の獲得は、構造主義的言語学の知見を踏まえた上で、「象徴的なもの」、すなわち言語と密接に関わるものとして論じられることになる。では、そのときの「象徴的なもの」とは、実際どのようなものなのか。一般に、この論点は「シェーマL」というラカンの図式によって示されることが多い。だが、それはある意味で定番化した議論であるため、他書に譲ろう。ここでは、鏡像段階論とのつながりを見るためにも、「光学装置」と呼ばれるものに関する議論を検討することにしたい。それは構造的には「シェーマL」の議論に重ねられるが、装置がもつ具体性によって、より立ち入った議論が可能になる。

光学装置とは、図2に示されるような鏡と像の関係を示すものである。鏡像段階論では、基本的に一枚の鏡に映る自分の身体の像が問題にされていた。鏡に映る「自己像（a）」は「感覚的に確信される自己（$）」ではない。自己像はむしろ「感覚的に確信される自己」を「自己同一性の鎧」によって疎外し、斜線を引いて認識の外に置くものとみなされる。

光学装置においても、同じ構造が示されている。「花瓶」によって統一性を与えられた自己像は、鏡の中にのみ見出される。光学装置の右半分は鏡の中にのみ見出される「世界」であり、「感覚的に確信される自己（$）」の視線は、その世界に自己を見出す。鏡の中に見出される自己像によって「感覚的に確信される自己」が疎外されるという構造は、それゆえ鏡像段階論とまったく同じだということができる。

光学装置には、しかしその鏡の中の世界がどのような機制によって成立するかが示されている。使われている鏡が二枚

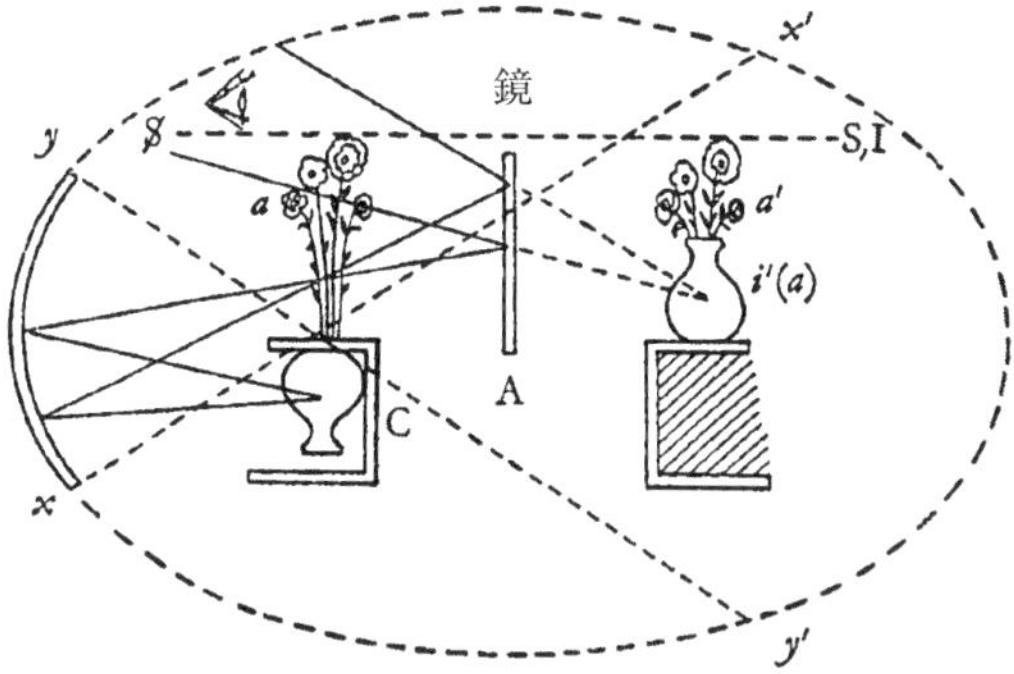

図2

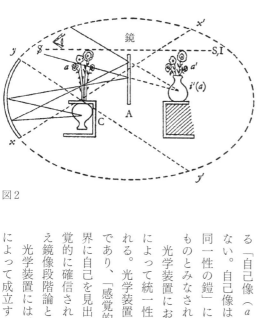

であることが、ここで重要な点である。自己像の統一性を与える「花瓶」は箱によって隠されており、凹面鏡を介した像としてしか見出されない。「花」は視線にさらされているものの、視線が実際に焦点をあてるのは平面鏡の向こうの世界である。バラバラに見出される「花」は、鏡の中の「花瓶」によって初めて統一的な対象として見出されるのである。

しかし、なぜわざわざ二つの鏡が必要なのだろうか。鏡像、すなわち「想像的なもの」だけを問題にするのであれば、鏡は一枚で足りる。しかし、もう一枚、鏡が配置されるのは、「象徴的なもの」の水準の機能を示すためである。視線の先に配置された平面鏡は「大他者（A＝l'Autre）」を示すものとされているのである。これはどういうことか。

視線は大他者の鏡の中に世界を見出す。そのとき、「鏡」は少し傾いただけで世界の全体像の焦点をずらすことになるだろう。「想像的なもの」の次元における認識の努力は、そこで「象徴的なもの」に完全に依存することが示される（cf. S-I, 222／(上)二二五以下）。大他者の次元における言語の構造によって初めて世界の像が確立するのであり、単に「想像的なもの」の領域における像の結合によっては認識は不完全なものにとどまる。光学装置において二枚の鏡を配置することで、ラカンは認識における言語構造の優位を示しているのである。

この構造がカントの認識論にそのままあてはまることは見やすいだろう。同じ論点はすでに前章でも見た。感性は外界の事柄についての印象を受容するが、それだけでは「盲目」なものにとどまる。そこで何らかの対象が認識されるためには、悟性による概念の適用が必要だ、とカントはいっていた。焦点が定まらないまま与えられるイメージは、大他者の鏡の傾きが調整されることによって、はっきりとした「何か」として見出される。大他者とはそのための参照先であり、それを介して初めて認識が成立する、とラカンはいうのである。

このとき、鏡の向こう側、鏡の中の世界をそのとおり直接的に見ていると想定される場所に、自我理想が位置づけられる。平面鏡を軸として視線と線対称の位置に置かれた「S.I」が自我理想の場所になる。世界の実像を見ているはずの鏡の中の視線が、フロイトが自我理想としたものにほかならない。それは、ありうべき世界を直接に知覚できるはずの理想的な視点だが、しかし鏡の中にしか見出しえない。こうして鏡の中の自我理想を共有することで、ひとは同じように世界を見ることができるのである。

ここでラカンが自我理想を「理想自我」から区別していることを確認しておこう。フロイトは「ナルシシズムの導入にむけて」（一九一四年）という論文の中で「自我理想（Ich Ideal）」を論じる際、一部の箇所で「理想自我（Ideal Ich）」と言い換えていた。ラカンは、その点に着目し、両者を異なる概念として解釈する（cf. S-I, 153／(上)二二四―二二五）。「理想自我」が鏡に映った自己像、すなわち、ここでは「花瓶に入った花」を示すものであるのに対して、「自我理想」は具体的な像ではなく、理想化された視点を示している。理想自我は「$i(a)$」として、自我理想は「I」として、ラカンのシェーマの中で示される。

このシェーマが興味深いのは、装置が十全に機能するための条件もまた幾何学的に示されている点である。視線は、鏡像の中に世界を見出すために、凹面鏡の曲面を延長して得られる楕円の外に出てはいけない。視線が楕円の外に位置づけられれば、像を結ぶために凹面鏡が集めた光線は拡散し、自己を自己として統一するための像はバラバラになってしまう。自己の統一を成り立たせている構造から外に出てしまえば、ちょうど統合失調症の患者がそうであるように、自己の意識が千々に分裂してしまうのである。

こうして、ラカンは「象徴的なもの」を導入し、自身の鏡像段階論を乗り越えることになる。自我理想と理想自我を区別し、「想像的なもの」を越えた「象徴的なもの」の機能を明示化することで、ラカンは精神分析の理論的枠組みを刷新しようとしたのである。

では、そのとき「象徴的なもの」とは、具体的にいって、どのような機能を果たすのだろうか。世界の認識と自己像の位置づけが「象徴的なもの」を介して初めて成立するとして、それを可能にする「象徴的なもの」が具体的にどのように作用するのかを考える必要がある。ラカンは構造主義的言語学をどのように受容したのか。その点、節をあらためて検討することにしよう。

2　理性の「構造」

恣意性と否定性

フェルディナン・ド・ソシュール（一八五七―一九一三年）は、一九〇七年から一一年にかけてジュネーヴ大学で「一般言語学」の講義を行った。個別の言語の構造をそれぞれに分析するのではなく、言語一般に共通する構造を明らかにしようとする点において、ソシュールの講義は画期的なものであった。

ソシュールによれば、すべての言語は「恣意性」と「否定性」という二つの特徴をもっているとされる。恣意性とは、言語記号（＝シニフィアン）とそれによって指し示されるもの（＝シニフィエ）の間には、何ら本質的な関係はない、ということだ。「犬」という言葉と、それによって指し示される〈犬〉という対象との関係は偶然的なものでしかない。それは、たまたま「犬」と呼ばれているだけであり、特にそのような名前で指し示されなくてもよかったものと考えられる。

言語の恣意性は、偶然であるにもかかわらず、同時に人々の認識を規定する力をもっている。「犬」と〈犬〉の関係はたまたまのものであるが、しかし、たまたまであるにもかかわらず、われわれはそれを「犬」としか見ることができない。そこでは、むしろ「犬」という言葉が、目の前にある「それ」を〈犬〉としかいいようのないものとして現象させている。ソシュールがいうように、われわれは認識において、実際には連続している現実をシニフィアンによって切り取っている、と考える必要があるのである。虹は、紫から赤までの波長の変化によって示されるスペクトルをなしているが、われわれ（ここでは日本語使用者）はそれを「七色」に分節化する。だが、その色の分節は、それぞれの言語体系（ラング）がもつ色についてのシニフィアンの分節化に依存している。日本語使用者にとって「七色」に認識されるものが、別のラングに依拠する者にとっては「六色」や「四色」あるいは「二色」に見えるのだ。言語の恣意性は、言語が偶然にもかかわらず、なお対象の認識を規定する力をもつことを示しているのである。

他方の「否定性」のほうは、どうだろうか。ソシュールはシニフィアンによる意味の決定を「否定性」という概念によって説明した。シニフィアンとシニフィエの関係が恣意的なものだとすれば、なぜ「犬」が〈犬〉を指し示すものとして用いられるのか。本質的に無関係であるはずのものがなお恣意的に人々の認識を規定する機制を考える必要がある。ソシュールは、その問題を言語の否定性によって説明した。あるシニフィアンの意味は、それが他のシニフィアンの適用可能性から除外されていることで成立する。「犬」は「無生物」ではなく、「爬虫類」でもなく、「人間」でもなく、「ネコ」でもなく……というように、「犬」というシニフィアンは他のシニフィアンとの差異によって位置づけられる。「犬」というシニフィアンは、特定の言語体系の中での他のシニフィアンとの差異によって現実の連続性に対する自らの適用可能性を与えられる。「犬」が〈犬〉を指し示すのは、「犬」以外のすべてのシニフィアンの適用可能性が否定されるからなのである。

言語学上の重要な転回点を示すソシュールの理論は、しかしある意味においては、哲学の文脈で繰り返し問われてきた問題に関わっている。先に見たように、カントは、われわれの対象の認識が概念に依存することを示していた。われわれに与えられる感性的な直観は、それだけでは「盲目」であって、それが「何」であるかを認識するには悟性による概念の適用が不可欠である。われわれの認識が言語によって規定されるという議論は、哲学的な認識論として問われてきた問題と見ることができるのである。

実際、カントは『純粋理性批判』において、ソシュールが示した理論と同型の議論を展開している。構造主義的言語学を援用するラカンの哲学的意義を見るためにも、カントが示した解決を見ておきたい。

「純粋理性の理想」

感性的な直観に対する概念の適用について、カントは「図式」と呼ばれるものを用いて説明した。「図式とは、一定の普遍的概念に従って私たちの直観を規定する規則」（Kant, A141 / B180）といわれる。例えば、三辺で囲まれた図形のイメージが与えられたとき、われわれはそれを「三角形」として認識する。しかし、「三角形」という概念は「三辺で囲まれた図形のイメージ」と同じものではない。われわれは、むしろ「三角形」という概念をそのイメージに適用するからこそ、それをひとつの三角形として認識する。図式はそこで、それを三角形とみなす規則だといわれるが、それがどのような規則であるのかについてカントは多くを語っていない。

しかし、カントは同じ『純粋理性批判』の理性論の文脈で、同じ問題の別様の解決を示している。図式論が経験として与えられたものに対する概念の適用を問題にするものであるのに対して、理性論は経験とは独立で純粋に概念同士の関係を問うものとして位置づけられる。つまり、カントは概念が適用される対象とは無関係に純粋に概念だけの関係を問う中で、あるものが特定の概念によって規定されることを説明しようとするのだ。そこには、シニフィアンが担う意味を、シニフィアンが適用される対象との関係によってではなく、シニフィアン同士の関係に見るソシュールと同じ企図があるということができる。経験的な対象とは切り離されたところで純粋な概念同士の関係を考えることで、カントは、ある「実存在」がどのような概念によって規定されるかを示そうとする。そこでカントは、ある「実存在」にどのような概念が帰属するかという問題を、ちょうどソシュールがそうしたように、「すべての可能な述語の総括」との比較に見るのである。

すべての実存在するものは全般的に規定されている、という命題は、互いに対立し合う与えられた述語の各々の組のうち、常にそのひとつの述語がこの実存在するものに帰属する、ということを意味するだけではない。それは、すべての可能な述語のうちのひとつが常にこの実存在するものに帰属する、ということをも意味する。つまり、この命題によって、単に述語が相互に論理的に比較されるのではなく、物そのものがすべての可能な述語の総括と超越論的に比較されるのである。(Kant, A573 / B601)

ある「実存在」に対する概念の規定は、「生物/無生物」、「男/女」といった対立する概念のどちらかが適用されるだけでは説明できない。それは「すべての可能な述語」と比較した上で決められなければならない、とカントはいう。例えば、そのものが「犬」であるというためには、それは「無生物」ではなく、「爬虫類」でもなく、「人間」でもなく、「ネコ」でもなく……というように、適用可能なすべての概念と「超越論的に比較」しなければならない。他の概念の適用可能性を排除することで初めて、それを「犬」とみなしうる、とカントはいうのである。ここには、シニフィアンの否定性によってその意味を示そうとするソシュールと同じ企図があるといえる。経験される対象とは無関係に、概念同士を比較することによって概念の適用可能性が決定される、とカントはいうのである。

こうしてソシュールとカントを重ね合わせることで、ソシュール言語学の哲学的意義も見えてくる。両者は同じ論理を用いながら、一方は「実存在」の概念について、他方はシニフィアンについて語っている。カントが何らかの実体を想定し、その実体の本質を示す概念を「超越論的な比較」によって示そうとしているのに対して、ソシュールはそこで仮定される実体性をシニフィアン同士の関係から規定しようとしている。ここに、われわれは一九世紀の後半から始まる「実体から関係へ」という哲学の大きな流れのひとつの帰結を見ることができよう。「犬」が「犬」であることが概念同士の関係によって規定されるとして、そこで得られるのはそのものの実体的な本性ではない。ソシュールによれば、それはひとつの言語体系の中で成立するものにすぎず、言語体系に相対的なものでしかない。概念の「理性的秩序」は、そこでは、すべての人間が本性において共有するものではなく、それぞれの言語体系の中でのみ妥当するものとみなされるのである。

ソシュールの言語学における構造主義的な手法が人類学に適用されることも、この点からおのずと理解されよう。人間の認識が言語体系によって相対的に規定されるとすれば、人々が準拠する構造に応じて異なる合理性がありうる。「理性的秩序」と呼ばれるものの相対性が、そこに示されることになるのだ。そして、ラカンが構造主義的言語学に見た可能性も、またその点に見出される。

「全体性」からの解放

しかし、ラカンはソシュールの構造主義的言語学をそのままのかたちで受容したわけではなかった。というのも、ソシュールの言語学はなお、それぞれの言語体系を「全体」とみなす仮定の上に成立するものだったからだ。ラカンの「言語学」の内実を見る前に、その問題を立ち入って検討しておこう。

エミール・バンヴェニスト（一九〇二―七六年）が指摘するように、ソシュールの「恣意性」の概念には、ある本質的な難点があるとみなされる。ソシュールは、同じもの（例えば、日本語で「牛」と呼ばれうるもの）が国境をまたいで一方では“bœuf”と、他方では“Ochs”といわれることで言語が恣意的であることを例示していた。先に見たように、シニフィアンとシニフィエの関係は恣意的であり、たまたまそうであるものにすぎない。それゆえ、異なる言語体系においてはひとつの対象が別様に名指される、とソシュールはいうのである。

だが、バンヴェニストによれば、言語の恣意性を示すためにソシュールが用いるこの例は、暗黙のうちに異なる言語体系に属する記号がそれでも「同じもの」を指し示すことを前提にしている。[1] ソシュールにおいて、シニフィアンはなおそれが指し示すものの実体性を外して考えられていない。「恣意性」の概念は、ソシュールにおいて、偶然的でありながら、なお必然的なものとみなされている、とバンヴェニストは批判するのである。

だが、偶然であるはずのものが、なぜその使用において必然性を帯びるのか。「全体」を仮定し、他のすべての適用可能性を排したところにシニフィアンの「意味」が決まるとして、なぜそれが「全体」とみなされるのか、どのような権利において他の適用可能性が排除されるのかが問われねばならない。ひとたび決定された意味の必然性を説明するためには、それらの操作がいかなる意味で妥当性をもつのかを問う必要がある。

実際、われわれの認識は、必ずしも特定の言語体系に閉じているのではなく、しばしば複数の言語体系をまたいで示される。例えば、「日常生活の精神病理学にむけて」（一九〇一年）でフロイトが示した例は、ドイツ語とイタリア語という複数の言語をまたいで「言語連合」を展開するものであった。「シニョレリ」というイタリアの地名を度忘れしたフロイトは、「シニョレリ」という語に含まれる「シニョル」というシニフィアンがドイツ語の「主人（Herr）」を想起させる、と語っている。フロイトという心的装置において意識されないまま機能する言語連合の構造を探ろうとするフロイトの自己分析は、当然のように複数の言語体系をまたいで展開されるものだった。そして、それは特殊な事例として排除されうるものではなく、われわれの認識を構成している言語において普遍的に認められることだといわなければならないだろう。

同様に、われわれが準拠する言語体系は不変ではなく、時間による変化をこうむるものでもある。「この〔ソシュールの〕シェーマには議論の余地があります。というのは、おわかりのように、通時的な方向、すなわち時間につれて、ずれが生じます。つまり、人間の意味作用の絶えず進展する体系は、常にずらされ、シニフィアンのもつ内容を変化させているのです。そして、その結果、シニフィアンは以前とは異なった使われ方をするようになります。先ほど挙げたいくつかのソメーズの例によって、そのあたりのことは感じ取っていただけたものと思います」（S-III, 135／㊤一九七）。ラカンは、アントワーヌ・ボードー・ド・ソメーズの『才女大辞典』（一六六〇―六一年）を例に挙げて、シニフィアンの通時的な意味内容の変化を示す。宮廷の「才女」たちが用いた気のきいた言いまわしが、その後のフランス語の日常的な会話に取り入れられた。あるシニフィアンが既存の言語体系内での適用規則から外れ、まったく別の意味を担うに至る多くの実例を、われわれはそこに見出すことができる。ソシュールもまた気づいていたように、ソシュールの分析は時間的な変化を捨象した共時的な構造を想定して初めて有効なものであり、通時的な言語体系の変化を説明できないものだったのだ。

ラカンは、それゆえ「構造」という概念を何らかの「全体」として扱うことを拒否する。「構造とは第一に諸要素の集まりであり、それは要素の変化に応じて変化する集合を形作ります。私は集合といったのであって、全体といったのではありません」(S-III, 207／(下)四四)。ラカンが考える「構造」は、ソシュールが想定したような言語体系の全体ではなく、内在的な論理によって一定のまとまりをもちながらも、常に新たな要素をそこに迎え入れるような集合である。ラカンは、そうしてソシュールが想定した言語体系の全体性を拒否し、それとは別な仕方で「構造」を考えようとするのである。ラカンが「ラング」という語を用いず、常に「ランガージュ」という概念を用いたのも、その点に由来する。

だが、全体を想定せずに、どうして意味を確定できるのだろうか。先に見たように、シニフィアン同士の関係だけによって「意味されるもの」を切り出すには、言語体系の全体を想定し、同じ全体に属する他の適用可能性をすべて排除する必要があった。言語体系が閉じた全体をなしていないとすれば、他のシニフィアンの適用可能性を排除することはできない。だとすれば、われわれはシニフィアンだけを頼りに意味を確定することはできないように思われるのだ。こうした理論上の難問に対して、ラカンはどう答えたのか。ラカンが示した答えは、「シニフィアン連鎖」による構造の自律的な生成と「クッションの綴じ目」による全体化という二つの過程によって意味の生成を示す、というものだった。その内実を次節で見ることにしよう。

3　構造の生成――ソシュールを越えて

シニフィアン連鎖

言語体系の全体を想定せずに、どうしてシニフィアンの意味を確定できるのか。ラカンが出発点とするのは「シニフィアン連鎖」という概念である。

ソシュールがいうように、あらゆるシニフィアンは、それ自身では何の意味ももたない。「犬」というシニフィアンは、それによって指し示されるものと何ら本質的な関係をもたないのであった。今、シニフィアンとして与えられるものが、いまだ意味をなさないものだとすれば、シニフィアンとはまずは単なる音にすぎない。ソシュールがいうように、シニフィアンとはまず第一に音声として聞き取られた「聴覚イメージ」として与えられるのである。

単なる音として与えられるシニフィアンは、しかし、その意味は不明ながらも、何かを意味しようとするものとして聞き取られる。「シニフィアン（signifiant）」という語が「指し示す（signifier）」という動詞の現在分詞であることからも理解されるように、シニフィアンとは、それが何を意味するのかが明らかではない状態にあってなお何かを意味しようとするものを示しているのである。

具体的な場面を想起するために、まだ言語を習得していない幼児を考えてみよう。幼児にとって、言葉はまさにシニフィアンとして現れる。すなわち、他者が語る言葉の意味は皆目見当がつかないが、それによって何かが示されているということだけは理解される。シニフィアンの本質はまさにその点に存する、とラカンはいう。後年のセミネールからの引用であるが、ラカンにおいておそらく最もわかりやすいシニフィアンの説明を見てみよう。ラカンは「シニフィアン」という概念を「それによって主体が他のシニフィアンに対して代表象されるもの」と定義するのだが、引用はそのことの非常にわかりやすい説明になっている。

ところで、シニフィアンとは何でしょうか。もうすでにだいぶ昔から何度もこの点は繰り返しお話ししたので、今さらここで繰り返さなくてもいいと思いますが、シニフィアンとは主体を代表象するものです。何に対して代表象するのでしょうか。もうひとつの主体に対してではありません。もうひとつのシニフィアンに対してです。この公理をわかりやすいかたちで思い描くために、象形文字が一面に書かれた石を砂漠で見つけたと考えてみてください。みなさんは、これらの文字を書くために、その背後に主体がいたということを一時も疑うことはないでしょう。しかし、それぞれのシニフィアンがあなたに差し向けられていると考えるとしたら、それは間違いです。その証拠に、あなたはそれらの文字から何も理解することはできないではありませんか。それに対して、あなたはそれぞれのシニフィアンが他のそれぞれのシニフィアンと関係しているという点については確かだと考えているからこそ、これらの文字をシニフィアンと結論するのです。(S-XI, 181/二六四―二六五)

砂漠で見つけた石碑に書かれた文字は、発見者にとってはまったく意味がわからない。だが、発見者はそれが何かを意味しようとしているとみなす。文字の背後に、それを意味として構成するような主体があるはずだ、と想定するのである。だから、シニフィアンはその主体を代表しているはずである。だが、そのシニフィアンの宛先は、必ずしも今それを読もうとしている者ではない。シニフィアンは発見者に読まれるためにそこにあるのではなく、発見者はむしろ自分がその宛先の外にあることを知っている。それゆえ、シニフィアンは他のシニフィアンへと向けられる中で、何ものかを意味しようとしている、と考える必要がある。シニフィアンが他のシニフィアンに対して主体を代表するということの意味は、このように説明されるのである。

「シニフィアン連鎖」とラカンが呼ぶものは、このようなシニフィアンの連なりを示している。シニフィアンは何かを意味しようとして他のシニフィアンへと連なっていく。シニフィアン同士の関係において何かを意味しようとするものとして現れるかぎりにおいて、ひとがそこに意味を見出す契機もまた生まれる、とラカンはいうのである。

しかし、意味が不明なまま連なっていくシニフィアン連鎖の中から、どのようにして実際に意味が発生するのか。その問いに答えるには、まずは意味へと結実する手前で、シニフィアン連鎖自体がいかにして構造化されるのかを見る必要がある。シニフィアン連鎖は、それによって何が意味されるのかがいまだ不明な状態でなお、それ自身において構造化されていく契機をもっている、とラカンはいうのだ。

「無意識はランガージュとして構造化されている」

シニフィアンがそれ自身において構造化されるということは、どういうことだろうか。ここで思い出さなければならないのは、言語習得を考える場面でわれわれは自己の意識の成立を前提にできない、という点である。われわれは、むしろいかにして自己の意識が確立するのかを問題にする文脈で「象徴的なもの」の機能を見てきたのであった。与えられるシニフィアンが何らかの仕方で他者と共有しうる意味をもつことが理解されて初めて、その言語的秩序の中に自己を位置づけることもできる。

問題になっている場面は、それゆえ自己の意識を確立する手前、そのつどの感覚においてバラバラに現れる表象に自己を分裂させている状態の存在が、意味もわからないままシニフィアンを聞いている、というものである。カントにおける自己のように、理性的な推論を行いうる主観は、まだ成立していない。問題は、まさにそのような状態の存在の中で、いかにしてシニフィアンが構造化されるか、ということなのである。

この問題を考えるために、もう一度「心理学草案」におけるフロイトの議論に立ち戻ろう。先に見たように、そこでは意識とさしあたって無関係な領域における「言語連合」によって記憶が構造化されることが示されていた。「無意識というものは、フロイト以来、ひとつのシニフィアン連鎖である」(E, 799) とラカンはいうが、その認定は先に見たようにフロイトの言語連合についての議論を前提にしていると思われる。

さて、このとき心的装置は音像として与えられるシニフィアンの意味を理解しているのではない。与えられるシニフィアン連鎖は、他者がそれによって何かを意味しようとしているということだけを頼りに、心的装置に刻み込まれる。その音像の連なりを利用することで、心的装置は欲動が求めることを実現できるかもしれない。しかし、心的装置は、何らかの統一的な意識のうちに与えられるシニフィアンを総合し、それぞれのシニフィアンに対応した意味を見出すことはいまだできない状態にある。意識による経験の総合は、むしろ他者と共有しうるシニフィアンの秩序が心的装置の中に形成されることで初めて可能になるものといわなければなるまい。シニフィアン連鎖は、さしあたり単にそのように与えられ、対応した通道を心的装置の中に刻むと考えられるのである。

では、そのように与えられるシニフィアンは、どのようにそれ自身において構造化されるのだろうか。初期のラカンは、そのシニフィアンの自己構造化の機制をサイバネティクスをモデルにして説明する。そこでシニフィアンは、意味との対応を欠いたまま、かつ経験を総合する意識の機能を前提にせずに、ひとつの自動機械として構造化されるといわれる。ラカンの語るところを聞くことにしよう。

「盗まれた手紙」のサイバネティクス

「サイバネティクス（cybernetics）」とは、一九四八年にノーバート・ウィーナーが『サイバネティクス――動物と機械における制御と通信』で提唱した概念である。それは今日の情報理論の基礎となる自動制御システムを示すものであった。ラカンは、確認されるかぎりで一九五四年にはサイバネティクスに言及しているが、これは他分野からの参照としては比較的早いものだといえよう。少なくとも、それは流行語のようにSFなどの文脈で曖昧に語られるようになった、後のサイバネティクス、つまりサイボーグ（一九六〇年代）やサイバーパンク（一九八〇年代）との関係で理解される「サイバネティクス」とは無縁のものといっていい。ラカンによれば、シニフィアンの自己構造化は、自己フィードバックの機制をもつ、ひとつの機械として語られるものなのである。

それは具体的にはどのようなものだろうか。ラカンはエドガー・アラン・ポーの「盗まれた手紙」（一八四四年）の冒頭に挿入される「必ず賭けに勝つ子供」を例にして説明している。「盗まれた手紙」の探偵デュパンは、丁半遊びに勝ち続ける子供が用いる手法を推理の好例として取り上げる。その子供は賭けの相手に同調し、次に相手がどちらに賭けるかを先読みすることで必ず勝つことができるといわれる。ラカンは、先行する勝負の結果が相手の出す手に影響し、それを先取りすることで常に勝ち続ける子供をひとつの機械とみなし、その自動制御の構造を分析してみせる。「丁／半」あるいは「勝／負」というシニフィアンは、その意味が問題になる以前に、単なる差異として理解される。「機械」は、「丁／半」、「勝／負」が具体的に何を意味するかを理解する手前で、それらを単なる差異として見出すのである。このラカンの発想が「0／1」という二進法の差異によって情報を処理するシステムと親和的であることは決して偶然ではない。

ここでは差異だけが問題なのだから、それを一般化して「＋／－」と簡略化することは許されよう。そこでは両者の差異だけが問題であり、それぞれの項がそれぞれに何らかの意味を担っているのではない。今、まずはランダムに勝負を繰り返していくうちに、相手の指向を理解する鍵を与える記号の列が与えられたとする。「＋－＋－＋－＋＋－－＋＋」と繰り返される記号の連続の中に、われわれは「相手の心理」を読み取ることができるだろうか。その記号の配列が何を意味するかはいまだ明らかではないものの、それらの差異が何らかの仕方で相手の心理を示すものだとするなら、その記号はシニフィアンとして機能する。なぜなら、そこでは記号は単なるランダムな配列ではなく、何らかの事柄を意味しようとするものとして理解されるからである。そうして、われわれは与えられたシニフィアンをもとに相手の次の一手を予測することになるだろう。丁半遊びに勝つということは、与えられるシニフィアンを解析し、その構造に基づいて他者の意味するところを明らかにするということにほかならない。そして、そこに意味は明らかではないままシニフィアンが自己構造化される機制が働く、とラカンはいうのだ。

そうして与えられるシニフィアンの意味を見出そうとする機制が発生すると、シニフィアンがそれ自身において構造化されることになる。すなわち、意味を求める機制は、記号の配列そのものの中に秩序を見出すことになるのである。例えば、われわれは「＋／－」の記号の連続を三つずつに区切り、「＋／－」の可能な組み合わせを「＋－＋」、「－＋－」、「＋＋－」、「－＋＋」、「＋＋＋」、「－－－」、「＋－－」、「－－＋」の八通り（二の三乗）に限定することができる。順列組み合わせとして可能なものは確かにその八つであり、それ以外のものはない。そのように与えられるシニフィアンを分節化した上で、われわれはさらにこの八つの組み合わせを三つに分類することができるだろう。「変化のない対称（「＋＋＋」、「－－－」）を(1)と記すことにしましょう。また、両端が対称になっているもの（「＋－＋」、「－＋－」）を(3)と記します。さらに、同じ記号が先に来ているか後に来ているかの

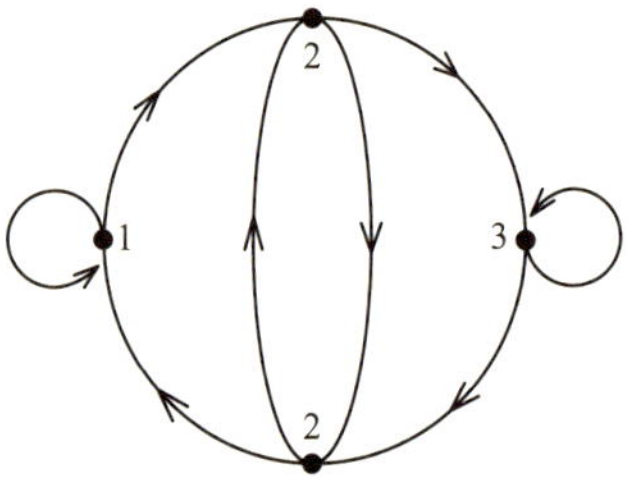

図3

どちらかで、対にならず、非対称になっているもの（「＋－－」、「－＋＋」、「＋＋－」、「－－＋」）を(2)としましょう」（E, 47）。このように可能な記号の組み合わせをカテゴリー分けすることで、われわれはシニフィアン連鎖が内的にもつ構造を見られるようになる。すなわち、シニフィアン連鎖の中で与えられる「＋／－」という差異は、図3のような「網の目」に支配されるものであることが見えてくるのである。

例えば、直前のシニフィアン連鎖の最後の三つが「＋＋＋」だったとしよう。その場合、与えられているシニフィアンは、シニフィアン同士が内在的に形成するサイバネティクスにおいて、図3の「1」に位置づけられる。次に現れるシニフィアンが「＋」なら、直前のシニフィアン連鎖は変わらず「＋＋＋」となり、それは「1」にとどまる。与えられるシニフィアンが「－」なら、直前の三つのシニフィアンが「＋＋－」であることになるため、「2」へ移行することになる。こうしたカテゴリー間の移行をシステムとして記述すれば、与えられる新しい差異に応じたカテゴリーの移行は、まったく自由に行われるのではなく、一定の法則によって限定されることがわかる。「1」の次にカテゴリーの移行があるとすれば、それは必ず上の「2」に向けられたものになるはずであり、上の「2」や「3」から直接「1」に帰ってくることはできない（「1」に戻るためには、必ず下の「2」を経由する必要がある）。このように差異を構造化することで、何が示されているかがまったく明らかではなかったシニフィアン連鎖が「相手の心理」を反映し、特定のパターンを形成するのが見えてくるのだ。ランダムに見えた記号の配列は、シニフィアンの構造の中で特定のパターンを形成し、そのことで今示されているシニフィアンが次に指し示すものを読み取ることが可能になる。「相手の心理」は、こうしてシニフィアン連鎖の構造の中に見出されることになるのである。

この例におけるシニフィアンの構造化は、たかだかひとつの差異に準拠した単純なものである。しかし、われわれが用いる言語は、音素の対立によって複数の差異を同時に示しうるものとなっている。ヤコブソンが示したように、シニフィアンを構成している個々の音素は、それ自身、差異としてのみ認識されるのであった。「p／b」、「f／v」などの音素は、物理的な振動数によって明確に切り分けられるものではなく、ただ両者が区別されているということに基づいて人々に認識される。あるひとにとっての「p」は、単なる物理的な音としてみれば、別のひとの「b」にむしろ近い場合もあるだろう。だが、いくらそれが「b」に近いものであっても、それがシニフィアンとして明確に「b」と区別されているなら、それはなお「p」として差別化される。音素の対立は、われわれにはこのような差異として示されるのである。

言語として示されるシニフィアンは、このように音素の対立の組み合わせから成る語と、語の組み合わせによる文から成る複雑な構造をもっている。砂漠で見出される象形文字のように、言語として示されるシニフィアンがもつ内在的な構造を一度で見出すことは、とうていできない。しかし、その差異を刻んで与えられるシニフィアンを構造化していくことは、なお可能である。そして、その構造化は、それぞれのシニフィアンが何を示すかを理解することとは無関係に、それ自身においてなされるのである。こうして、われわれの心的装置は、自らの内部に言語を構造化し、それを利用して「相手の心理」を見出そうとするのだ。

　ここで注意しておきたいのは、ここでの「相手の心理」の読み取りは、「相手の身になって考える」というような「想像的なもの」に立脚するものではなく、純粋に「象徴的なもの」においてなされるということだ。光学装置のシェーマで示されていたように、われわれが自らの存在を含めた世界の意味を見出そうとして見るものは、「象徴的なもの」に属する大他者の鏡であった。そこでの大他者とは、「シニフィアンの宝庫」として、意味が不分明なまま、何かを意味しようとするものにほかならない。われわれの心的装置は、そうして大他者から与えられるシニフィアンを自己の内部で構造化し、それによって自らの求めることを実現しようとするのである。

　こうして、われわれは既存の言語体系を前提とすることなく、シニフィアンが自己構造化するあり方を示せたことになる。ラカンが示す「象徴的なもの」は、差異によって構成される自律的なシステムを示す概念であり、さまざまな「国語」をまたいで形成されうる。こうして心的装置は、特定のラングとしてではなく、ランガージュとして無意識を構造化することになるのである。

「クッションの綴じ目」

　だが、これで問題が解決したわけではない。シニフィアンが特定の体系を参照せずに自己構造化しうるものだとして、そこからどのようにして特定の意味が切り出されるのだろうか。シニフィアンの構造がシニフィアン同士の関係によってのみ規定されるものだとすれば、それらのシニフィアンが実際にどのようにして意味を切り分けるのかを説明する必要があるだろう。ソシュールのように言語体系の「全体」を想定できないのであれば、シニフィアンの適用可能性の排除というかたちで意味を確定する道筋を通ることもできない。このような問題に対する解答としてラカンが示したのが「クッションの綴じ目」という概念であった。

ラカンは、一九五五〜五六年のセミネールにおいて、ラシーヌによる戯曲『アタリー』（一六九一年）の第一幕第一場で展開される対話を分析している。その中で、ラカンは「クッションの綴じ目」という概念を用いてシニフィアンが意味をなすに至る構造を示しているのである。

しかし、なぜ『アタリー』なのか。ラカンはセミネールの前夜、シニフィアンがシニフィエを獲得するに至る論理を示すために「どこから出発すべきか」と自問したという。それはハムレットの“To be or not to be”という問いをラカンという心的装置の中に喚起した（cf. S-III, 297／㊦一七八）。そして、その問いに“oui”（「そうだ」）と答える中で、ラカンはラシーヌの戯曲の冒頭の台詞を紡ぎ出した。“Oui, je viens dans son temple adorer l'Eternel”（「そうだ、私は永遠なる神を讃えるために、この神殿にやって来た」）という『アタリー』冒頭の台詞は、ラカンという心的装置のシニフィアン連鎖の中で、単なるシニフィアンが意味をなすに至る起点をなした、というわけだ。ラカンによれば、意味が不明なシニフィアンの連なりは、まさに『アタリー』冒頭のアブネルとジョアドの対話において、明確な意味を担うに至るとされる。その論理の道筋を、ラカンとともにたどることにしよう。

ダビデ家の七番目の王ヨラムは、アタリーと結婚する。だが、アタリーは不信心で、夫を偶像崇拝に引き入れ、イェルサレムにバアルの神殿を建てた。これに怒った神はアタリーの父母の家系を皆殺しにするが、それに対してアタリーは自分の子供たちをすべて殺し、ダビデの王族の血筋を根絶させようとする。しかし、そのとき赤子だったジョアスがひそかに助け出され、成人したジョアスの一派によってアタリーは殺される。
ラシーヌは、旧約聖書のこの物語を材料にして『アタリー』を書いた。そこで描かれる将軍アブネルは、しかしラシーヌの創作である。旧約聖書の神を奉じながらも、アタリーが支配する現実の世界の中で将軍という役割を担うアブネルは、劇中最後の場面でアタリーに反旗を翻す人物として、重要な役割を与えられている。『アタリー』冒頭の台詞は、そのアブネルがジョアスをひそかに匿《かくま》う大祭司ジョアドを見舞う場面のものである。アブネルは、ジョアスがひそかに助け出されたとは知らず、王家がすでに根絶やしにされたと悲嘆している。しかし、アブネルは単に悲嘆しているだけではない。アブネルは将軍としてアタリーに与《くみ》せざるをえない状態にあり、今見舞おうとしているジョアドにもアタリーの脅威が迫っていることを知っている。だからこそ、アブネルは、ユダヤの神を祀る旧知の大祭司ジョアドを前に、どのような言葉をかけてよいかわからず、まずはほとんど意味のない、とおりいっぺんの挨拶を投げかけるのである。

そうだ、私は永遠なる神を讃えるために、この神殿にやって来た
古き昔より年ごとに行われる祭儀の慣わしに従って栄えある日を
あなたとともに祝いに参った
シナイの山で掟《おきて》が下された、忘れもせぬ栄えある日を

要するに、何も言っていないようなものです。(S-III, 298／(下)一八〇―一八一)

ここでは確かに、すでに意味をもっているシニフィアンが語られている。とおりいっぺんの挨拶を受け取るジョアドも、語られる言葉の辞書的な意味を知らないわけではなかろう。しかし、それらのシニフィアンは字義どおりの意味とは別の含意をもっているようにも思われる。旧知の仲とはいえ、アブネルは今はアタリーの軍を率いる将軍であり、ジョアドはアタリーから今まさに排除されようとしている立場にある。とおりいっぺんの言葉の裏には、どのようなことが示されているのか。そこで与えられるシニフィアンは、字義どおりのシニフィエを切り取るところから離れて、その意味を再び問われる地点に達している、ということができるかもしれない。そのシニフィアンは、何かを示そうとしているが、それは手持ちの理解の枠組みを越えて、新しい何かを示しているように思われるのである。

興味深いのは、無内容なシニフィアンを与えるアブネルが、新しい意味を確定する主体とは必ずしもみなされない、という点である。

私は不安に思う。何も隠さず申し上げるが、アタリーがあなたまでも祭壇から無理無体に引き離し、とどのつまり、あなたの命を奪う復讐を成し遂げ、無理強いの尊敬をあまねくいきわたらせるつもりではないか、ということを。(S-III, 299／(下)一八一―一八二)

「不安に思う」というアブネルの台詞は、ジョアドを心配した内部機密の暴露とも、「もはや逆らうな」という警告ともとれる二重性をもっている、とラカンはいう。そうしてシニフィアンが意味するところは宙づりになり、その意味を確定するための「次の言葉」が待たれる。しかし、アブネルは同様の不確かな語りを繰り返すだけで、宙づりにされたシニフィアンを意味へ回収しようとしない。むしろ、アブネルは「彼女がもし仕損じていたら……」とジョアドに探りを入れるような言葉を繰り出し始める。アタリーによるダビデの血筋の根絶がもし失敗していたなら、こんなことにはならなかったのに、といいながら、アブネルは宙づりにされたシニフィアンの意味が何であるべきか、その確定をむしろジョアドに委ねているように見えるのである。

ジョアドもまた、自分がもつ切り札を隠して、とおりいっぺんの受け答えをするだけで確かなものを示さない。ジョアドの台詞もまた意味ありげで、字義どおりの意味以上の何かを示しているように見えるが、それは宙づりにされたままにとどまる。「ですから、この第一場は意味作用としては次のことで十分です。すなわち、「神様の祝いに来ました」、「それはようこそ、行列にお入りなさい。列の中では何もいわないでください」」(S-III, 300／(下)一八四―一八五)。共有されていたはずの言語に照らして引き出せるのはせいぜいそのくらいのことであり、それ以外のことはすべて不確定なままとどまるのである。

しかし、こうして二人の間に宙づりにされたシニフィアンが積み重なっていくこと自体が、そこでまったく新しい意味が生み出される下地になっている、とラカンはいう。一方において意味が宙づりになったシニフィアンの連なりが、他方に読み取られるべき意味の総体が膨《ふく》れ上がることで、両者を新たな仕方でつなぎ合わせる契機が発生することになる。あるべき意味の探求は、ある点において、これまで語られた空虚なシニフィアンにまったく新しい意味を付与する結果をもたらすのである。「神を畏れよ」というジョアドの言葉がその引き金だとラカンはいう。その言葉は、それ自身、単なるシニフィアンとして聞き流しうるものだろう。ユダヤの神を祀る祝いの席で説教者がそのような台詞を吐くことは、それ自身、とおりいっぺんのやり取りと理解されうる。だが、同じ言葉は、それまでの過程で宙づりにされたシニフィアンを背負って、新しい意味を生み出しうる。それは「クッションの綴じ目」のように、空虚なシニフィアンの連続と読み取られるべき意味の塊の間をつなぐ役割を果たしうる（cf. S-III, 303／㊦一九〇）。

この場面を総譜の中に主旋律を見出すように分析するなら、クッションの綴じ目とは、シニフィエとシニフィアンが結びつく点、つまり二人の登場人物の間を現実にめぐっているシニフィカシオンという常に浮動する塊と、このテキストとが結びつく点であることがわかると思います。〔…〕ここでのクッションの綴じ目は、シニフィカシオン的なものを越えたさまざまな広がりをもつ畏れという語です。このシニフィアンを中心として、マットレスの布の表面にクッションの綴じ目によってできた小さな皺《しわ》のように、すべてが放射線状に広がり、組織化されるのです。この収斂点によってこそ、このディスクールに起きているすべてのことを、遡及的にも予見的にも位置づけることができます。（ibid.）

「神への畏れ」というシニフィアンが、それまで宙づりにされていたシニフィアンと曖昧だった意味の塊をピン留めし、「すべて」を過去と未来にわたって意味づけることになる。シニフィアンの意味を確定する「全体」は、こうして言葉と意味の間に楔《くさび》が打ち込まれることで初めて見出される。ひとたび、この綴じ目が獲得されるや、シニフィアンが何を意味し、何を意味しないかが明らかになるだろう。第一幕での空虚な言葉のやり取りは、物語の最後にアブネルがアタリーを裏切り、ジョアスを中心とした新しい国をジョアドとともに作り上げるまでの「全体」を意味づけるのである。

こうして、われわれは、純粋にシニフィアン同士の関係によって自己構造化する言語の秩序が意味を切り出す機制を理解することになる。アブネルとジョアドの対話は、既存の言語体系を基礎にして新たな全体が確立する構造を示すものであるが、同じ構造を最初の意味の確定の場面に適用することが可能である。そこでは、同様に、意味の不確かなまま自己構造化されたシニフィアンが、宙づりにされた意味を背景に、極点において意味を結実する構造を見出すことができるのである。

だが、言葉と意味を一致させる「クッションの綴じ目」は、しかしなお恣意的なものでしかない。その一致は複数の存在の間で「確信」され、共有された同じ全体の中では、あるシニフィアンがそれ以外の意味を示す可能性は排除されている。しかし、その必然性は内在的なものでしかなく、言葉と意味の連関はなお恣意的なものでしかないのである。ラカンは、その「確信」が失われ、知っているはずの言葉から意味が失われるあり方をシュレーバーの症例の中に見出しているが（cf. S-III, 305／(下)一九三)、本論では立ち入らない。すべてが「嘘」になってしまった世界で「真実の言葉」を待つシュレーバーの悲喜劇の奥行きについては、直接ラカンのテクストにあたって確認していただければと思う。

本論で問題とすべきは、なおその「確信」のあり方についてである。恣意的なはずの関係が必然の構造を規定する過程を、精神分析では「エディプス・コンプレックス」という図式で説明するのであった。母親との近親相姦の欲望と父殺しに関わる精神分析の神話は、いかにして言語学の議論に接続しうるのか。次章では、ラカンによるエディプス・コンプレックスの解釈の試みを追うことにしたい。

第三章

発生論

エディプス・コンプレックスの
形成について：1956～60年

1 「対象」と「もの」

フロイトは欲動の対象が変化する過程を幼児の成長過程と重ね合わせて論じたが、エディプス・コンプレックスが問題となるのは「性器期」と呼ばれる最後の段階でのことだった。エディプス・コンプレックスの構造を見るためには、それゆえまず欲動の「対象」という概念を明らかにする必要がある。

欲動による心的装置の構造化

フロイトは論文「欲動と欲動運命」（一九一五年）において「欲動」を精神分析の「基本概念」として位置づけた。第一章で見たとおりである。フロイトは欲動を、それを措定することによって初めて経験を語りうるものとして位置づけていた。「欲動運命」という言葉は、欲動の作用が心的装置の構造にどのような帰結をもたらすかを示すものである。「心理学草案」で語られた企図がそこでフロイトにおいて新たな展開を見ることになる。だが、フロイトにおける欲動概念の位置づけは、「心理学草案」の延長線上にある。「神経系は、やって来る刺激を再び除去し、可能なかぎり低い水準に落とす機能を授けられた器官である」（Freud X, 213）が、その中で欲動は「不可避的に絶えず刺激を供給し続ける」ことにおいて、「刺激を遠ざけておく、という意図の断念を強いる」（ibid.）。だが、その断念は、欲動が神経系を自ら複雑化し、心的装置の制御を可能にする契機となる（cf. Freud X, 214）。そこには、初期においてϕニューロンとψニューロンのシステムとして語られた議論の枠組みが維持されているといってよい。ψニューロンにおける記憶の実現は「生の困窮」あるいは「欲動」という概念を措定することで可能になるとされていた。そして、欲動は内的な備給による能動性によって「連合」や「言語連合」の関係を用いて心的装置の制御をする、とされていたのである。

ラカンが繰り返し注意を促していることだが、欲動はそれゆえ、「本能」という誤解の多い訳語によって広められたイメージとは無縁のものである。それは身体内部から与えられる刺激であるが、しかしそれは衝動のような「瞬間的な衝撃力」を示さない。欲動とは、むしろ「恒常的な力」（Freud X, 212）であり、心的装置を作動させるためにかけられた電圧のようなものとみなされる。そのような一定の内的な圧力を措定することで、フロイトは心的装置の構造化を説明しようとしたのである。

先に見たように、欲動は連合や言語連合によって通道を形成することで、無意識のまま心的装置の構造を刻むのであった。心的装置の認識や行動は、まさにその構造によって可能になるものとみなされる。だとすれば、精神分析は、その構造がどのように形成され、変化していくのかを考える必要があることになるだろう。「欲動運命」と呼ばれるものは、その構造化の変転を表す概念とみなされるのである。

そのために、フロイトは欲動について「目標（Ziel）」と「対象」を区別して考える必要があるという。欲動の目標は常に「満足」であるが、その満足のために選ばれる対象は変化する。その対象の変化が心的装置の構造の変化に対応する、とフロイトは考えるのである。精神分析における「口唇期」、「肛門期」、「性器期」という区分は、欲動の対象の変化に応じた心的装置の構造の違いを示している。欲動の作動において焦点となる対象が変化することで、心的装置の振る舞いが変化する、とフロイトはいうのだ。

> 欲動の対象とは、それにおいて、あるいはそれによって欲動が自らの目標を達成しうるものである。これは欲動に関わるもののうち最も可変的なものであり、もとからその欲動と結びついているわけではなく、欲動の満足を可能にするという適性をもつゆえに、この欲動にひとくくりにされているにすぎない。これは必ずしも何かよそから来た客体であるとは限らず、自分の身体の一部であってもよい。欲動がさまざまな生涯の運命をたどる中で、対象は何度となく、しばしば変更されうる。欲動のこの遷移は、一連のとりわけ重要な役割を担っているのである。(Freud X, 215)

欲動は目標を達成するためにさまざまなものを対象とする。重要なのは、ここで「対象」といわれるものは「欲動の対象」であって「認識の対象」ではない、という点である。哲学的な認識論の文脈で考えるなら、対象は常に認識主体にとっての対象とみなされる。近代的な知の枠組みに準拠する人々にとって、「対象」というシニフィアンは、そうした「認識の対象」以外のものを意味しえない可能性もある。しかし、第一章で見たように、精神分析は、そのような認識主体の成立を前提にできないところから出発するものであった。「欲動の対象」という概念は、むしろすべてのものがそれに対して現れるような、時間を通じて同一の意識の成立自体を記述するための概念とみなされるのである。

「もの」と対象の乖離

さて、それでは「欲動の対象」とは、どのようなものか。それはフロイトによる新しい「基本概念」から導き出される必要がある。そのためにはまず欲動の目標となるものを明らかにする必要がある。先に簡単に触れたように、フロイトは「欲動の目標は常に満足にあることは間違いない」(Freud X, 215) としていた。だが、そこでの「満足」とは、具体的にはどのようなことを示しているのだろうか。「心理学草案」におけるフロイトの議論に立ち返ってみよう。

フロイトは、欲動の最初の形態として「飢えや渇き」といった「栄養摂取欲求」を想定していた。そのような想定がどこまで妥当なものかは措くとして、具体的なイメージを喚起しやすいものではある。心的装置の能動性を作動させる最初の契機が、そこで想定されている。

心的装置の能動性は、しかしまったく無記の状態では発動しえない。先に見たように、心的装置は「記憶」として刻み込まれた通道を拠り所にして、「連合」に基づいた予期をするのであった。それゆえ、何らかの能動性を発揮するには、まずは完全に受動的に外から情報を与えられる必要がある、といわなければならないだろう。欲動における最初の満足の体験もまた、まずは完全に受動的なかたちでしか与えられない。「原初的に無力」な人間は何らかの他者の援助によってのみ自らの維持に必要な栄養を確保できる、というフロイトの言葉は、そうした心的装置の構造形成における構造上の先後関係を示していると考えられる（cf. Freud Nb, 410）。

さて、そうして最初の満足が外部から与えられることで、心的装置はそれを自ら能動的に再現するような認識と行動のシステムを構築しようとする。乳房の映像に対応したψニューロンが周辺の情報を総合して「乳房を吸う」ことに関する一連のシステムを構築する例は、第一章ですでに見た。そのシステムにおいて満足を与える鍵となる乳房が、ここで「欲動の対象」といわれるものになる。心的装置は最初に与えられた満足の再現を目指して、「乳房」という対象を中心にしたシステムを構築するのである。

しかし、そこで構築されるシステムは、心的装置が自らの能動性によって構築したものであり、最初に獲得された満足をそのまま実現するものではない。乳房を対象にして構築されるシステムは、満足の再現を目標とするが、まさにそれが自らの能動性による再構築にすぎないことによって、原理的に目標との完全な合致を阻《はば》まれている。満足を目標にして措定される対象は、原理的に目標と一致しえないのである。

システム内部の想起によって構成される「対象」と、最初に満足を与えたであろう「もの」の間には乗り越えがたい隔たりがある。フロイトのこの論点をとりわけ重視したのが、ラカンであった。「〔幼児の最初の充足対象となる〕人間の複合体は二つの構成部分に分かれる。そのひとつは恒常的な組織体によって印象を与え、「もの」としてまとまっているが、もう一方は想起の作業によって理解されうる」（Freud Nb, 426）。ラカンは、このフロイトのテクストに「もの」と「対象」の乖離を見た。記憶はψニューロンのシステムとして構造化されるが、「「もの」はそれとは別のものです」（S-VII,

65／㊤七六）といわれる。「フロイトの思考の神髄は、記憶の機能としての想起が、それがもたらすはずの満足とは互いに排斥し合うということです」（S-VII, 262／㊦八六）。ラカンは、右に引いたフロイトのテクストを参照しつつ、どこまでも「想起」の外部にとどまる「もの」の境位を示した（cf. S-VII, 64f.／㊤七五―七六）。「満足」を目標にして構築される「記憶」は、まさにそのように構築されることで、最初の満足とは異なるものをわれわれに差し出すのである。

「もの」は、しかし能動的な想起の外に排除されながらも、そこにとどまり続ける「現実的なもの」である。「現実的なもの」は、第一章で見たように［→三九頁］、「思考」によって上書きされてもなお消去されずに残り続けるものであった。最初の満足を与えたであろう「もの」は、想起しうる記憶の外側で求めるべき何かの痕跡を記している。欲動はそうして意識されるものの外側において、原理的にたどりつけない何かを求め続けるのである。

　そして、原理的にたどりつけないものを求め続けることが「欲動の対象」の変転をもたらすことになる。心的装置は「満足」を求めて、特定の対象に焦点をあてたシステムを構築するが、目標と対象の不一致のために、システム全体を新たな対象を軸にして再構成することになる。「口唇期」、「肛門期」を経て「性器期」へと至る過程は、その対象の変化とみなされる。そして、ラカンは、その過程を「象徴的なもの」、「想像的なもの」、「現実的なもの」の三つの領域が絡み合う論理の展開として示そうとしたのである。セミネール第Ⅳ巻でラカンが示した「エディプス・コンプレックス」の解釈を軸に、その構造を見ていくことにしよう。

2 「対象」のロンド——ラカンの「対象関係論」

「欠如」の三区分

セミネール第Ⅳ巻『対象関係』において、ラカンは対象の「欠如(manque)」の様態を区分することで、心的装置の構造の差異を明確化するという方法をとった。精神分析では通常、フロイトに準拠して、乳房、糞便、性器という対象の変化に応じて構造の変化をたどるのが一般的である。フロイトの観察は、心的装置の構造がそれらの対象の設定のされ方に応じて別様の機制をもつことを見出した。それらの構造は「口唇期」、「肛門期」、「性器期」といった幼児の発達時期に対応するものとされたのである。ラカンもまた、後のセミネール(例えば第Ⅹ巻)では、精神疾患の類型にも関係するそれぞれの構造を分析している。だが、第Ⅳ巻でのラカンの関心は、エディプス・コンプレックスの論理的過程を示すことにあった。そのため、ラカンは幼児にとっての「欠如」の位置づけの変化を軸に、構造の展開を見るのである。

ラカンは、ドナルド・ウィニコットやアーネスト・ジョーンズらの議論を参照しながら、欠如の形態として「違約=フラストレーション」、「剝奪」、「去勢」を区別すべきだと主張する(cf. S-IV, 36/(上)三八)。精神分析の議論では、しばしばそれらが混同されているが、そのせいで心的装置の構造を誤って理解することになっている、とラカンはいうのである。

「違約＝フラストレーション」

「違約＝フラストレーション」とは、幼児の精神分析の臨床で用いられる概念であり、単純な現象としては、母親が幼児の求めに応じず、少しずつ我慢することを覚えさせる状態を示す。乳房を対象として心的装置を構造化する幼児には、自らの口を乳房に接続することだけが目的として設定されている。その機制の中にある幼児は、現実に栄養補給を必要とするとき以外でも、常に乳房こそが自らの求める対象だとみなし、乳房に接続しようとするだろう。そこでは乳房は、まさに欲動の対象として構成されており、現実の乳房の機能とは無関係に、幼児にとって快楽の源泉とみなされている。「だからこそ、母親はだんだんと子供にフラストレーションに耐えること、そしてその結果、ある最初の緊張〔certaine tension inaugurale〕のもとで、現実と幻影が異なることを教えなくてはなりません」（S-IV, 34／㊤三六）。フラストレーションが与えられることで、心的装置は、現状の体制ですべてがうまくいくわけではないことを知り、埋めるべき欠如を抱える、とラカンはいうのである。

そうして欠如が主題化されることで初めて幼児の対象の探求が始まる。「すべてがうまくいくなら、子供は、最初のシステムの機能に結びつけられた原則の幻想による幻覚的満足の次元にあるものと、彼を実際に満たして満足させる現実的なものの把握とを区別する手段をもっていません」（ibid.）。まだ欠如が発生していない最初の「母子の理想的な関係」における幼児の心的装置は、すでに乳房を対象とした構造をもってはいる。しかし、その中で乳房はなお「現実的なもの」として十全な満足を幼児に与えていた。幼児はそこで「泣き叫ぶ」といった簡単な手段で対象との直接的な接続をもっていたと考えられる。しかし、今、フラストレーションとして欠如が導入されることで、構造に変化の兆《きざ》しが生まれる。「人間世界において、対象の組織化の出発点となる構造は対象の欠如です」(S-IV, 56/(上)六六)。欠如を起点として幼児は「現実的なもの」の次元を離れ、それを「想像的なもの」によって補塡しようとするのである。

ここで「フラストレーション(frustration)」という語が「違約」という含みをもつ点を確認しておこう。ラカンはフロイトに遡り、これを「違約」と理解すべきだ、と主張する。「フロイトは実際、フラストレーションについては一度も語っていません。彼は"Versagung"(違約)と言っているのです」(S-IV, 180/(上)二三一)。フラストレーションを欲求不満のように理解すれば、欠如の導入における構造的な問題を看過してしまう。フラストレーションとは、心理的状態を記述するものではなく、約束されていたと思われた満足の破棄によって構造的な欠如が導入される事態を示すと考える必要がある。

だが、それだけではない、とラカンはいう。「この〔"Versagung"という〕語は「約束の解消」と同時に「他の約束」を意味することもあるからです。こういうことは"ver-"という接頭辞をもつ語では、しばしば見られます」(ibid.)。"ver-"という接頭辞は「閉鎖、阻止」という含意をもち、それが"sagen"(言う)ことの「閉鎖、阻止」として「破棄」を示す。しかし、"ver-"には同時に「変更」という意味もある。そのかぎりにおいて、"Versagung"という語を、別の約束の提示と理解することもできる、とラカンはいうのだ。「違約=フラストレーション」によって「現実的なもの」における満足は反故にされるが、しかしその約束は「想像的なもの」の領域に繰り延べられる。心的装置は、内的な備給によって通道を上書きし、失われた対象を求めて新たなシステムを構築しようとするのである。

「象徴的な母」

だが、そのような現実的なものから想像的なものへの移行において、象徴的なものが機能していないかといえばそうではない、とラカンはいう。そこでは、実際まだ通常の意味での言語は問題になっていない。心的装置が言語連合を用いて他者と意思疎通しながら、自らの認識と行動を構造化する段階は、まだはるかに先の段階のことだといえる。しかし、この段階での幼児がまったく何のシニフィアンも頼りにしないかといえば、そうではない。欠如を穿《うが》たれた心的装置がその補塡を試みようとするとき、システム内的に試行錯誤を繰り返すだけで満足を得られるわけではない。心的装置は、単に主観的なシステムを構築するのではなく、外部から与えられる差異を手がかりに、実際の世界に対応した構造を獲得する必要があるのである。

では、その段階の幼児にとって、手がかりとなるような何かを示す「大他者」は誰か。それは「母」だとラカンはいう。ここであえて「母」という概念が用いられるのは、精神分析におけるエディプス・コンプレックスの論理を説明するためだ、と理解しておこう。実際には、それはひとつの機能の名前であり、その機能の担い手は、いつでも生物学的な母であるわけではない。それはラカンのいうように「象徴的な母」と呼ぶべきものであり、その段階の幼児にとっての「シニフィアンの宝庫＝大他者」を指示するものなのである。では、その段階の心的装置の構造の変化を導く差異とは、どのようなものか。ラカンは「フォルト／ダー」という差異に、その例を求めている。

母は原初的な対象とは違います。母は最初からそれとして出現するわけではなく、フロイトが強調したように、こうした〔「フォルト／ダー」と類型化されるフロイトが観察した自分の孫の糸巻き遊びのような〕最初の遊びから登場するのです。〔…〕対象はこの場合は糸巻きですが、六ヵ月の幼児がベッドの縁を越えて投げ捨て、また取り戻すことのできるものなら何でもよいのです。子供によっては極めて早期に分節化される、この在／不在という組み合わせの中に、すでに違約＝フラストレーションにおける「作動因〔agent〕」の最初の設立が含意されています。この「作動因」は、起源においては母です。われわれは違約＝フラストレーションにおける象徴をS(M)と記述することができます。(S-IV, 67／㊤八一)

母の不在中に一人でベッドに置かれた幼児が、糸のついたおもちゃを投げては引き戻す、という遊びをしている。幼児はその遊びを飽きずに何度も繰り返し、その動きに応じて「フォー／ダー」という音素の差異を切り分ける。フロイトとこの子の母の一致した意見では、この「フォー／ダー」は「フォルト(あっち)／ダー(こっち)」という対立するシニフィアンを不十分ながら模倣したものとみなされた(cf. Freud XIII, 12)。だが、ここでの幼児の心的装置にドイツ語のラングの体系がすでにそなわっていたわけではない。幼児はむしろ意味のわからないままに与えられていた「フォー／ダー」という音素の対立の「意味するところ」をこの遊びの中で見出そうとしている、と考える必要がある。欠如を穿たれた心的装置は、母の不在の謎をその差異を手がかりにして突きとめようとしているのである。

「母」と呼ばれるものは、そのとき初めて、このシニフィアンを与える大他者として立ち上がる、とラカンは右の引用でいっている。それはシニフィアンに何らかの意味を与えているはずの「作動因」とみなされる。「母」とは、ここで象徴的なものとして、「在／不在」の差異のパターンを刻む者として現れている。「母」は、ある場合には「不在」であり、ある場合には「在」である。「在／不在」という差異を示すシニフィアンを「＋／－」と表記すれば、「母」が与えるシニフィアン連鎖は、例えば「＋－－＋＋＋－＋－＋＋＋－」などのようになるだろう。単にひとつの差異を示すにすぎないシニフィアン連鎖が、それ自体で構造化するものであることを、われわれはすでに見た。それは、例えばこの後に見る恐怖症の子供の発症前の「母」のように、「＋－－－－－－－－＋－－－－－－－－－－－－－－－－－」というかたちでも示されうる〔↓一一一頁〕。定期的な「母」の来訪は、幼児にとって不在の母の謎に対する予期のシステムとなりうるのである。

こうして、幼児は「母」を作動因としてもつ象徴的なものの秩序の中に自己を位置づけることになる。「シニフィアンが最初の主体の刻印であるとすれば、あるいはこの〔「フォルト／ダー」という〕遊びが最初の〔「在／不在」という〕対立をともなっているという事実からだけでも、次のことを認めずにはいません。すなわち、実際にその〔「在／不在」の〕対立が適用される対象、つまり糸巻きにおいてこそ、主体が指し示されねばならない、ということです」（S-XI, 60／八三）。欠如を穿たれた心的装置は、満足を獲得するために「母」を作動因とした象徴的秩序をシステムの内部に取り込み、その秩序に合致するように自己の位置を定める。象徴的秩序を規定している者が「母」だとすれば、その秩序の中に置かれた自己は、「母」の恣意に委ねられることになるだろう。こうして、幼児は「母」との関係において、「母」に対して最初の自己を見出す。だが、それは「母」という主人から、そのようなものとして認められるかぎりにおいて、である。心的装置の欲動は、満足を求めて「この対象と遊んでいるうちに疎外へと導かれるのです」[2]（S-XI, 216／三二四）。最初の欠如、「違約＝フラストレーション」を起点として形成される心的装置の構造は、こうして現実的なものとしての乳房を対象とし、象徴的なものとしての「母」の秩序を手がかりとして、想像的なものの次元で補塡を試みるシステムとして示されることになるのである（図4－1）。

このようなラカンの議論がエディプス・コンプレックスを上書きしようとするものであることを見る必要がある。エディプス・コンプレックスにおいて幼児の「近親相姦の欲望」と語られるものは、ラカンにおいて右のような心的装置の構造を示すものとみなされる。それは例えば「母の欲望を欲望する」と語られるが、そこで問題になっているのは、つまり大他者としての「母」がいわんとすることに準拠して自己の欲望を構成する、ということにほかならない。「母の欲望」とは、そこでは「象徴的な母」による意味規定の恣意性を示す概念であることになる。母の望むものになろうとする幼児の欲望は、そこでは自らの欲動の対象の追求の結果として「母」の秩序にとらわれる心的装置のあり方を示すものとして理解されるのである。

作動因	欠如	対象
象徴的母	想像的違約	現実的乳房

図 4-1

「母」の失墜

　しかし、こうした「母」の象徴的秩序が欲動の満足のために十分なものかといえば、そうではない。「在／不在」のパターンは、規則性があるように見えながら、なお不確かであり、規則外のことを恣意的に示す。幼児は、満足を求めて「母」の象徴的秩序に「呼びかけ」[3]、その中で母の望むものになろうとする。しかし、「母」はその呼びかけに十分に応えないことが次第に明らかになる。では、「もし象徴的な作動因、すなわち子供と現実的対象との関係において不可欠な項となっている母がもはや応えないとしたら、どうなるでしょう。主体の呼びかけに母が応えないならば。／われわれ自身で答えを出しましょう。母は失墜します」(S-IV, 68／㊤八三)。

「母」の「気まぐれ」が顕著になり、象徴的秩序の恣意性に耐えられなくなると「母」は失墜する、とラカンはいう。そうして「母」の失墜を契機に、心的装置はまた新たな構造化の必要に迫られることになるのである。その変化とは、どのようなものなのか。ラカンは次のようにいう。

> 母がもはや応えないとき、いってみれば母がもはや気まぐれにしか応えないとき、母は構造化から抜け出て、現実的なものになります。つまり、ひとつの力になるのです。〔…〕
> 　これと相関して、対象の位置が逆転します。〔…〕母が現実的な力となり、対象への接近が子供にとって明らかに母に依存するようになったときから、何が起きるのでしょうか。それまで端的に満足の対象だったものは、この力から発した贈与の対象になります。〔…〕ここでいってい

る意味での対象は、把握することのできる対象、所有することのできる対象です。〔…〕子供が手にもって離さない、いろいろな対象は、もはや満足の対象ではなく、応えないこともできる力、つまり母の力の価値の印なのです。

言い換えれば、母が現実的なものになり、対象が象徴的なものになったのです。(S-IV, 68 f. /(上)八三―八四)

「母」が気まぐれになり、「母」がもはや象徴的秩序として参照するに足るものではないことが明らかになるとき、作動因としての「母」は、もはや秩序とはいえない規範を恣意的に措定する力として現れる。それは心的装置の認識の外から発現する「現実的な力」である。それは幼児の予期を越え、「母」の恣意にふりまわされることによってしか求める対象へと接近できない状態に置かれる、とラカンはいうのである。

そうして「全能(toute-puissance)」(S-IV, 69 /(上)八四)としての「母」の力の痕跡として、さまざまな対象が立ち現れる。それらの対象が幼児の欲動の満足にどのような関係をもつものかは、いまだ明らかではない。「母」の恣意によって名指されるものは、吟味の余地なく「そのようなもの」として与えられるだけで、幼児の心的装置の能動性の外に置かれる。だからこそ、心的装置の能動性が関与できる数少ないもののひとつである糞便が、この時期に特権化されることにもなる。「排泄物が一時期の間、贈与の選択的対象になる、という事実は、われわれにとっても何も驚くべきことではありません。なぜなら、子供が、自己身体との関係において彼が手中にできる素材のうちから、象徴的なものを養うために排泄された現実的なものを見つけ出すのは、まさに当然だからです」(S-IV, 189／(上)二四四)。「全能の母」の恣意的なシニフィアンといかにして渉るかということが、このときの心的装置の課題になっているのである。

想像的父と恐怖症

溢れるほどの恣意的なシニフィアンを与えられる心的装置は、しかしそこで意味もわからないまま差異の構造を刻み込む。そのシニフィアン連鎖の自己構造化のあり方については前章で見た。音素の対立と語の組み合わせから成るシニフィアンの構造は、それによって指し示されるものとは独立に、純粋にシニフィアン同士の関係において構造化された。欲動の満足を求める心的装置は、自らの能動性の外にある言語の秩序を、意味が明らかではないままに、なお純粋な「力の価値の印」として自らに刻み込むのである。

では、そのとき、自己構造化するシニフィアンの連なりは、どのようにして意味へと至るのか。その点についても、われわれはすでにラカンとともに、言葉が意味をなすために必要な契機を見出している。「クッションの綴じ目」となる「確信」の点を見出すことができれば、心的装置は言葉を他者と共有しうるものとして自ら能動的に使用することができる。

エディプス・コンプレックスにおいて「父」と呼ばれるものは、「母」の象徴的秩序の上位において、新しい象徴的秩序を意味づける者にほかならない。「父」は「最初の三つの対象〔子供、母、ファルス＝「失われた満足の対象」〕のすべてを包摂し、象徴的な関係へと結びつける第四の項」(S-IV, 84

／(上)一〇三）とされる。図5には、その「第四の項」としての「父」の機能が示されている。「父」は「母」を含めたすべてを包括し、全体を枠づけるものとみなされる。単なるシニフィアンの連なりは、「父」によって全体が画されることで意味を担うことになるのである。

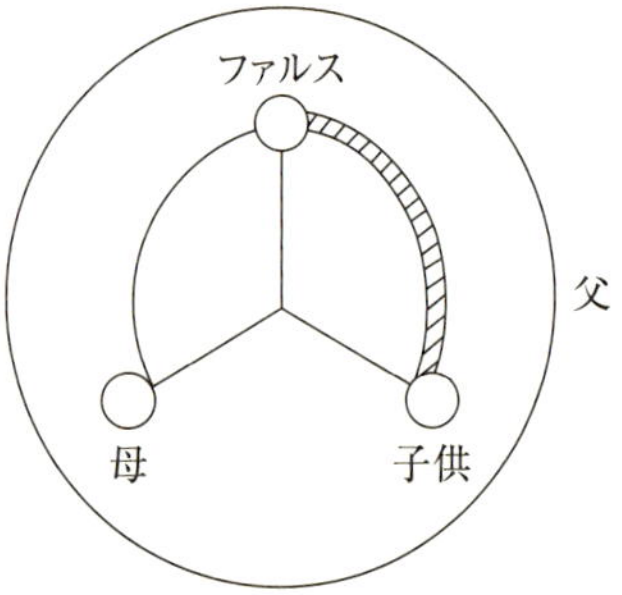

図5

しかし、そのような全体を閉じる「父」は、いかにして獲得されるのか。「現実的な力」によって世界を表象する「母」という主人を排し、言語の共有に基づく世界を開くために必要とされる「父」は、まずは「想像的なもの」として見出される、とラカンはいう。例えば「幼児のファルスを取り去ろうと威嚇する父」は、その例である。それは実際の父とは無関係に、純粋に「想像的なもの」として立ち現れる（cf. S-IV, 220／(下)三一―三二）。「威嚇する父」にまつわる物語は、フロイトのエディプス・コンプレックスの中でも、とりわけ理論的な追認が困難なものでありうる。ラカンはしかし、それを「想像的父」という概念の機能で語ろうとするのである。

では、それは実際にはどのようなものなのか。具体的な事例に即して考えてみよう。ただし、ここで見る具体的な事例は、当事者であってさえ、言語による世界の表象が確立した後では完全に忘却される類いのもの[4]であるため、必ずしも読者の経験に即して共感できるものではないかもしれない。「共感」と呼ばれる現象がそもそも同じ構造を共有した上で「想像的なもの」を重ね合わせることによって成立するものだとすれば、共感にはおのずと限界がある。それでも、しかしわれわれは具体的な事例に即して問題になっている構造を取り出すことはできる。

　ラカンは、アンナ・フロイトの弟子の症例報告を参照し、「母」の失墜から恐怖症に至る過程を示している。母と別居して生活している二歳半の女の子が恐怖症を発症する事例である。やむない事情で別居している母は定期的に子供に会いに来て愛情を注ぎ、子供も母に愛着を感じている。その定期性から「母の在／不在は規則的」であり、「この母親なりの象徴的秩序」を示しえていた、とラカンはいう（cf. S-IV, 72／㊤八八）。だが、治療のための入院で母親の訪問が一時的に途絶えると、幼児は非常に落胆する。「しかし、そのときは恐怖症はなかったのです」（S-IV, 73／㊤九〇）。恐怖症が発症するのは、帰ってきた母が杖をついてやつれているのを幼児が目の当たりにした翌日であった。「現実的な力」を失った「母」を見た幼児は、彼女の世界を支えるものを失ってしまう。「子供はこのような耐えがたい関係を支えてくれる項を求めます。恐怖症が生じ、幻の存在として犬が出現するのは、まさにそのときです。ここで、この幻の存在は、まさしく状況全体を司る者として介入します。それは嚙《か》むもの、去勢するものであり、またそれのおかげで状況全体が少なくとも一時的には象徴的に生きうるもの、考えうるものになるのです」（S-IV, 82／㊤一〇〇）。夢の中で彼女に嚙みつこうとする犬から発する恐怖症は、その子にとって想像的なものの領域に現れた「父」を表しているのだ。「威嚇する者」として現れる「想像的父」が、ここで幼児の象徴的秩序を支えるものとして機能していることを見る必要がある。恐怖症は幼児の心的装置の「不安」を呼び起こす。ここでの「不安」とは、精神分析的に定義される特定の状況を指している。恐怖症はここで「不安」を引き起こすことで、心的装置の破綻を回避しているのである。「想像的なもの」として召喚された「父」が、そこでは「威嚇する者」として心的装置の構造を支えているのだ。

「Che vuoi?（汝、何を欲するか）」

もうひとつ別の例を見たい。ラカンは、ジャック・カゾットの『恋する悪魔』（一七七二年）に登場する悪魔を例に、想像的な次元での自我理想の措定を説明している。

物語に登場する「私」は、仲間にそそのかされ、そうとは知らずに悪魔の首領ベルゼブブを呼び出してしまう。恐ろしい姿で「何の用だ（Che vuoi?）＝汝、何を欲するか」と語りかける悪魔を前に、怖じ気づきながらも、「私」は自らの望みを伝える。悪魔は、あらゆる学問に精通し、見当もつかない理論で自在に賭けに勝たせる力をもつ者として描かれる。つまり、悪魔はここで「すべて」を知る存在として夢想されているが、「私」はその悪魔に「自分の奴隷になれ」と命じるのである。

カゾットの悪魔は、一興とばかりに「私」の命じるままに姿を変え、美しい女性になる。その女性と結婚することは、「私」にとって母の死を意味することになるだろう。[6]「母」との対比は、カゾットの物語の中でも重要な役割を果たしている。

興味深いのは、「私」がそこで目の前の存在が幻影であることを知っている点である。「私」は理想化された女性が威厳に満ち溢れた悪魔の変化であることを知っている。その上で、「私」はその女性の虜《とりこ》になるのである。「ああも心を撃ち、ああも優しい、あいつの眼差の輝きは、残酷な毒物なんだ。あんなに形の美しい、色鮮やかな、瑞々しい、そして見たところああもあどけないあの唇も、佯《いつわ》りを言うためにしか開かないのだ。あの心も、仮に心があるものなら、それは裏切るためにしか熱しはしないのだろう」[7]。そうして悪魔は「私」を幻想に包むことになる。「あなた方人間には、真理を摑《つか》まえられません。あなた方は、盲目《めくら》にしなければ幸福にしてあげられません。ああ、もしあなたがその気におなりならば、とても幸福にしてさしあげますわ。あたしは、あなたの御満足のゆくようにやれる自信があります。皆があたしを邪《よこしま》なものにしていますけれど、それほど厭《いや》なものじゃないことを、認めてくださいましょうね」[8]。「私」はこうして盲目になり、真理を知っていると想定される悪魔の言いなりになるのである。

ラカンは、この「女性化された父」に「母」の秩序を超えるものが現れている、という。「この両義的な女性存在は、母の向こう側で、母に欠けたファルスをいわば具現化します。彼女はファルスをもたず、ファルスの表象にまるごと取り込まれているので、それだけいっそうファルスを具現化するのです」(S-IV, 170／(上)二一六)。「母」の恣意的なシニフィアン連鎖においては、意味を与える鍵となるもの(＝ファルス)が失われていた。カゾットの悪魔は、女性の表象においてファルスの欠如を示すと同時に、背後に隠れる「父」を浮き上がらせる効果をもつ、とラカンはいう。悪魔はそこで「私」を魅了する対象として「父」の機能を果たしているのである。

このことは、カゾットの悪魔が「惚れ込み」の対象になっていることを示している(cf. ibid.)。フロイトは「惚れ込み」と「同一化」を自我理想の位置づけの違いとして説明していた(cf. Freud XIII, 124)。「惚れ込み」とは自我理想を対象として措定することであり、「同一化」はその自我理想を自らの内的な理想像として取り込むことである。惚れ込みは催眠と同じ構造をもつが、同一化もまた同じ機制をもつことにおいて、「集団催眠」と呼びうる集団の非合理的な行動を引き起こす、とフロイトは語っていた。カゾットの悪魔は、つまりここで惚れ込みと同一化の両方の対象として現れている、とラカンはいうのである。

「私」はここで幻影としての「父」の虜になり、盲目にされた状態で「父」の世界にとらわれる。そして、まさにそのようにとらわれることで、「私」は「母」の秩序を乗り越え、新しい象徴的秩序へと開かれることになるのだ。

「例外」の導入――象徴的対象の現実的剝奪

このような「父」の要請は、実のところ、哲学において歴史的に「神の存在証明」として示されてきたことと合致している。存在するものにはすべて原因があるはずだが、因果の系列をたどっていくかぎり、無限に遡行するだけで、存在するものをそのように存在させる根拠となるような最初の原因にたどりつくことはできない。しかし、そのような原因が存在しないことは考えられない。なぜなら、もし最初の原因となるものがないなら、個々の因果性の認識は相対的なものにすぎなくなり、客観的な存在者の秩序を考えることができなくなるからだ。それゆえ、実際にわれわれが理性に基づく客観的な認識ができていることから考えても、あらゆる存在者を規定する最初の原因となる者が存在しなければならない。アリストテレス形而上学まで遡られる神の宇宙論的存在証明の論理の典型は、このように展開されるものであった。

つまり、そこでは個々の存在者の本質を措定する概念間の関係を規定する「クッションの綴じ目」

の存在が要請されている。神という超越的な存在を考えないかぎり、世界が客観的な秩序をなして存在することは説明できない。そこでの神は、それ自身は他の存在者と同じ「象徴的なもの」の秩序に属さない者であるかぎりにおいて、「想像的父」と同じ位置をもっていると考えられる。心的装置が全体を規定する「父」を想定することは、ある種の構造の規定の典型と考えることができるのである。

それ自身は象徴的なものの秩序に属さず、外部から秩序を規定する「父」の機能について、ラカンは、規則を成立させるために不可欠な「例外」としている。そして、その例外の機能は、「剝奪(privation / Entbehrung)」と呼ばれる精神分析の概念との関係で理解される。幼児のファルスを切り取ろうと「威嚇する父」は、剝奪の不安を与えるとされた。そこで語られる剝奪とは、ラカンによれば、「想像的父」という例外に関わるものとされるのである。

> この〔剝奪という〕主題に関して、私は「-1」と象徴化することで理解してもらおうと思います。〔…〕この「-1」の機能は、全称肯定のすべての可能性の論理的な基礎と考える必要があります。つまり、例外を措定する可能性です。ひとはよく「例外が規則を証明する」といいますが、そういうことではありません。例外こそが規則を要求するのであり、例外が規則の真の原理なのです。(S-IX, 1962.3.14)

「すべて」を包括する例外として「父」を召喚することは、「母」の秩序に欠けているもの（＝ファルス）を心的装置が自らの能動性のうちにもっていないことを示唆している。単に「母」との関係において「自己」を規定していた段階の心的装置は、「全能の母」に服しながらも、「母」のシニフィアンが自己との関係において語られるものとみなすことができた。心的装置は「母」の恣意的なシニフィアンの中に自己を位置づけようとするが、その中でも「母」の「いわんとすること」の対象を自己と関連するものとみなすことができたのだ。そこではつまり「母の欲望」の対象は自己とみなされていた。「母」に欠けていて、「母」がそれを欲望するところのファルスは、幼児自身が何らかの仕方でもっているものだと考えることができたのである。

しかし、幼児は外部に「父」を想定することで、その考えを放棄せざるをえない状態に陥る。そして、象徴的秩序の意味を規定する鍵となるものを自分はもっていないということが、「想像的父」が「威嚇する父」として現れる契機となる。剝奪とは、こうして例外を措定することによって生起する欠如の様態とみなされるのである。

作動因	欠如	対象
想像的父	現実的剝奪	象徴的ファルス

図 4-2

剝奪の不安は、「象徴的なもの」にも「想像的なもの」にも位置づけられない「現実的なもの」である、とラカンはいう。実際、何ものかがないことは確かながら、それが何であるかはわからない、ということが不安を生起させる原因となっている。「不安には不確定性と没対象性がつき従う。正確な言葉の用法からすれば、不安が対象を見つけてしまえば、その名は変わってしまい、不安の代わりに恐れという」(Freud XIV, 198)。剝奪は、不確定な何ものかを現実的なものにおいて奪われることを意味するのである。

しかし、何ものかがない、というためには象徴的なものの媒介が不可欠である。「次のことはまったく明白ではないでしょうか。――いかにして何ものかがその場にないことができるか、つまり、まさにそれがない場所で、ないなどということがどうしてできるのでしょう。現実的なものという観点からは、これは何も意味しません。現実的なものはすべて、常に、そして義務として、その場にあります。〔…〕現実的なものにおいて何ものかが不在であるとしたら、それは純粋に象徴的に不在であるのです。われわれが法によって、それはそこにあるはずだと定義するかぎりで、ある対象がその場にない、ということができるのです」(S-IV, 38／(上)四一)。現実的なものは、象徴的なもので上書きされても、なおそこに残り続けるものであった。それゆえ、現実的なものの領域において欠如があるとすれば、それは象徴的なものを介して示されるものだと考えられる。象徴的な秩序を参照した上で、そこにあるべき何ものかが欠如していることが示される。そのかぎりにおいて、心的装置が手にしていない何か(＝ファルス)とは、「象徴的なもの」に属するとみなされることになる。「想像的父」、「現実的剝奪」、「象徴的ファルス」という三項が、こうして、この段階の心的装置の構造を記しづけるものとして見出されるのである(図4-2)。

「一の線＝特徴」

では、その後、「想像的なもの」の領域に措定された自我理想が、単なる主観的なものではなく、実際に「母」を含めた「すべて」を包括するものとして機能するためには、何が必要なのだろうか。「想像的父」が単にひとつの心的装置の中で措定された例外だったとすれば、それが他のさまざまな存在者を実際に規定する現実的な力として互いの間で「確信」される必要がある。それは、前章では『アタリー』の戯曲に見られるような対話に求められた。そこでは、対話における空虚なシニフィアンの連なりが、意味をもたらす「クッションの綴じ目」を準備するとされた。空虚に積み重ねられるシニフィアンの中から、ある特定のシニフィアンを軸とした意味の確信がおのずから生み出される、といわれていたのだ。だが、そこでは具体的にどのようなことが起きているのだろうか。ラカンは、エディプス・コンプレックスの最後の段階を「一の線＝特徴（trait unaire）」への同一化ということで説明する。

ものが最も単純な仕方で表されるのは一の線＝特徴によってである、ということを思い出してください。最初のシニフィアン、それは刻み目です。それによって、例えば動物を「一」殺したということが印されます。〔…〕主体もまた、一の印によって自らに目印をつけます。まず最初に、主体はシニフィアンの最初のものを刺青のように自身に刻印します。このシニフィアン、この一が設立されたとき、勘定は「あるひとつの」一です。主体が自らそれとして捉えるべき水準は、特定の一という水準ではなく、「あるひとつの」一の水準、つまり勘定の水準です。（S-XI, 129／一八五）

フロイトは『集団心理学と自我分析』の「同一化」についての議論で、対象の「単にひとつだけの特徴（einziger Zug）」を取り出して同一化がなされる場合がある、と語っていた。ラカンはフロイトのその語を創造的に読み替え、[9]「一の線＝特徴」をすべての存在が同じようにこうむる最初のシニフィアンとみなした。そこで心的装置は他の存在者と同じ自我理想へと同一化し、「一の線＝特徴」によって同じように数えられる。すべての者が同じようにあることの確信が、そこに示されているのである。それは、つまりすべての者が同じように去勢されているということの確信である。

> 去勢によって、さまざまな想像的要素は象徴的なものにおける安定性を獲得します。それらの想像的要素の布置は、その象徴的なものの中で固定されるのです。（S-IV, 212／㊦二一）

「想像的父」との関係において「すべて」を位置づけていた段階を離れて、すべての存在者をそのように規定している存在を実際に確信することで、欠如は「象徴的なもの」の中に位置づけられることになる。各人がそれに同一化する自我理想は、なおひとつの理想にすぎず、心的装置にファルスは欠けたままである。しかし、それが剥奪のような不安をもたらさないのは、その欠如自体が象徴的なものの中に書き込まれるからにほかならない。こういってよければ、各人はみな「奴隷」なのであり、去勢されてあること自体が自らの存在に書き込まれていることになるのだ。象徴的なものの中で自我理想が導く道筋をたどることで、今はもたないものをやがて獲得できるだろう。心的装置の欲動は、こうして象徴的秩序に則った「現実原理」に従って、満足の対象を求めることになる。「現実原理とは、まさにゲームが続くということ、快〔plaisir〕が常に入れ替わってしまうこと、戦いの担い手が不在のまま、なお戦いが終わらないことを含意しています。現実原理は、終結へ至ろうとするわれわれの快をマネージメントすることを意味しているのです」(S-II, 107／(上)一四一)。象徴的秩序に適合した行為に満足を求める構造へと参入した心的装置は、現実原理に照らした対象の探求の中に、「快」が無限に引き延ばされる事態を見出す。この段階の欠如の様態が「象徴的負債」(S-IV, 37／(上)三九)とも言い換えられるゆえんである。欲動の満足のために自我理想が課すものは、無限に繰り延べられる「負債」として心的装置の前に積み置かれるのである。

欠如が、それ自体、「象徴的なもの」として刻み込まれるのに対して、求める対象は象徴的なものに枠づけられた「想像的なもの」の中に見出される、とラカンはいう(cf. S-IV, 37f.／(上)四〇以下)。無限に繰り延べられる対象は、「想像的なもの」の領域に位置づけられる。しかし、そのとき想像されるファルスは、何か具体的なイメージとして現れるのではなく、あくまで欠けている何かとして示される。ラカンは、そのような「想像的ファルス」のあり方を「$-\phi$」と記した。それは欠如しているかぎりで想像されるものだ、とラカンはいうのである。

エディプス・コンプレックスの最終段階は、こうして「象徴的去勢」、「想像的ファルス」、「現実的父」という三項によって示されることになる。これがラカンにおいてヘーゲルの「主人と奴隷の弁証法」の最後の段階に対応することは明らかであろう。恣意的な主人の支配を受けていた奴隷たちは、「気まぐれ」な主人を排して「死」を「絶対的主人」とすることで、「われわれ」という精神を媒介とした「私」となる。そこで「私」は数ある「私」のうちのひとつであるが、しかし、そうであることによって初めて他者と共有される枠組みの中で自らを位置づけることができる。「われわれ」はみな去勢された存在であり、ともに「死」を引き受けることで自己の意識を得るのである。「死とは、それによってシニフィアンが実在することになるような支えであり、基礎であり、聖霊の操作です」(S-IV, 48／(上)五五)。「聖霊の操作」としての「死」をともに受け入れることで、シニフィアンが実際に世界を意味するものとして機能する。自己組織化するシニフィアン連鎖がシニフィエを切り取るには、その上に「死」が「クッションの綴じ目」として機能しなければならない。ラカンにおけるエディプス・コンプレックスは、こうして「主人と奴隷の弁証法」の論理として示されることになるのである。

作動因	欠如	対象
現実的父	象徴的去勢	想像的ファルス
象徴的母	想像的違約	現実的乳房
想像的父	現実的剝奪	象徴的ファルス

図 4-3

エディプス・コンプレックスの三段階における三領域の絡み合い

こうして、われわれはラカンとともにエディプス・コンプレックスの三つの階梯をたどり終えた。その過程をもう一度振り返ってみれば、それがラカンにおいて欲動の対象を軸とした三つの領域の絡み合いとして展開するものだったことがわかる（図4－3）。象徴的な「母」を作動因とした現実的対象の想像的違約の段階から、「父」を想像することで展開される象徴的対象の現実的剝奪の段階を経て、現実的な力としての「父」の秩序に記された象徴的去勢に

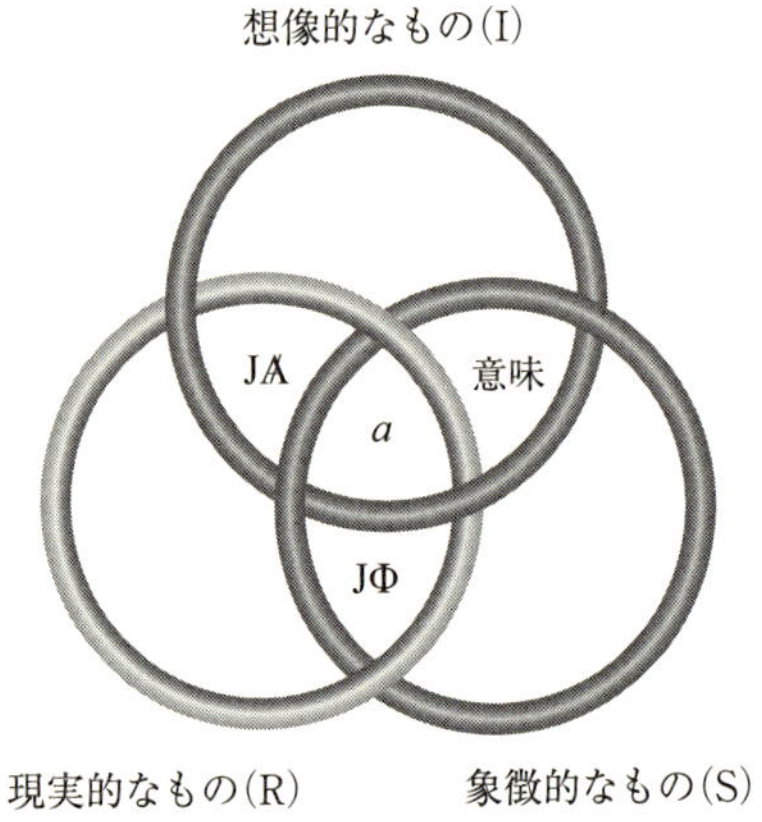

図6　「ボロメオの環」のシェーマ

よって想像的ファルスを追い求める構造へと至る過程が、エディプス・コンプレックスだったのだ。そこでは、「現実的なもの（R）」、「想像的なもの（I）」、「象徴的なもの（S）」がそれぞれ区別されながら互いに絡み合い、心的装置の構造を構成していることがわかる。このような三領域の絡み合いは、後に見るように、晩年のラカンが示した「ボロメオの環」のシェーマの中で、よりはっきりとしたかたちで示されることになるだろう（図6）。三つの領域の絡み合いによって、心的装置の構造の特性を示すことができるのである。エディプス・コンプレックスは、その中で、ひとつの絡み合いの可能性を示すものにすぎないことが示されるだろう。セミネール第Ⅳ巻でのラカンの関心はエディプス・コンプレックスの論理的構造を示すことに向けられていたが、その過程が明らかにされることで、別様の構造化の可能性もまた示されることになる。

すでに折に触れて確認したように、エディプス・コンプレックスはカントを経た近代の「われわれ」の一般的な心的装置の構造の成立を示すものとみなしうる。カントにおいて一足飛びに超越論的に要請された自己意識は、その成立過程を解きほぐすことによって、別様の構造化の可能性に開かれるものであることが明らかになる。満足を求めた欲動の対象の展開というフロイトのモティーフを、言語構造に基づく自己意識の成立の論理として捉え直すことで、ラカンは哲学的認識論が前提にする暗がりを照らしたということができるのである。

3　大他者の大他者は存在しない──心的装置の「グラフ」

さて、ではそこにはどのような理論的可能性があるのだろうか。ラカンはセミネール第V巻『無意識の形成物』において、エディプス・コンプレックスの過程をさらに「グラフ」と呼ばれる概念図式によって記述し直している。そこで問題とされる事柄は基本的には前節で見た心的装置の各段階に重ねて理解できるため、同じ論点をあらためて見る冗長は避けたい。だが、グラフを記述する過程で、ラカンは後の理論的展開につながるいくつかの重要な論点を示している。エディプス・コンプレックスとは別様の構造化の可能性を明らかにするためにも、エディプス・コンプレックスに含まれるいくつかの重要な内在的要素を、もう少し立ち入って見ておく必要がある。

グラフとは何か

グラフとは「グラフ理論」と呼ばれる数学の位相幾何学（トポロジー）の理論のひとつによる。後にラカンはトポロジーを多用して心的装置の構造を記述することになるが、グラフはその最も早い適用例となっている。グラフ理論の数学的な意義を簡単に確認しておこう。

グラフ理論は、各々の頂点（ノード）を辺（エッジ）でつないでいく関係性を、集合論の数式で記述できるメリットをもっている。例えば、数学では、「四色問題」（地図上の隣り合う国をすべて違う色で塗るときに四色あれば十分であるか＝隣接し合う頂点が同じ色にならないように塗り分けることができるか）や「巡回セールスマン問題」（都市の集合と各二都市間の移動コストが与えられたとき、すべての都市をちょうど一度ずつめぐって出発地に戻る巡回路の総移動コストが最小のものを求める組み合わせ最適化問題）などが問われるが、これらを数学的に定式化する際に、グラフ理論が用いられる。

ラカンは、その理論を欲動の「運命」を記述するものとして用いる。欲動は満足を求めて対象を変化させながら、心的装置の構造を規定する。欲動はそこで、いくつかのノードを経て、いかにして効率的に満足へと至るか、という課題を課されていると考えることができる。ラカンのグラフは、そのような欲動の道行きを示すものになっている。三段階から成るエディプス・コンプレックスの構造の形成をグラフによって示すことが、そこでのラカンの課題となるのである。

心的装置のグラフ

ラカンのグラフは、三つの図によって示される。すべての辺は方向づけられており、いくつかの頂点の接続には「短絡経路」が存在する。数学のグラフ理論では、例えばそれぞれの辺に「重み」を与え、特定の頂点から別の頂点への最短経路を解く問題が考えられるが（鉄道の路線案内などのソフトは、これを利用している）、ラカンの念頭にあるのは、そのようなグラフかもしれない。

三つのグラフはエディプス・コンプレックスの三つの段階に対応しており、それはすべて斜線を引かれた主体とは、いまだ自己の意識を獲得していない状態の純粋な欲望としての存在を示している。斜線を引かれた主体（$）から始まって自我理想（I(A)）へと至る過程として示されている。「主体」は、そこで「自己」とは区別され、他者から承認された自己の確立に際して斜線を引かれて背景に退くものとみなされる。ヘーゲルにおいて「生命＝欲望」としての存在が「奴隷」として承認されるにあたって「自らに即してある」ことを失ったように、最初の主体は斜線を引かれるものとしてのみ想定されうるのである。

グラフにおいて斜線を引かれた主体（$）から始まって自我理想（I(A)）へと至る欲動の過程は、心的装置がいかにして自我理想を形成するのかを示している。図7の段階からある「理想自我（$i(a)$）」と「自己（m）」の間の経路、図9の段階で初めて記される「欲望（d）」と「幻想（$\$\diamond a$）」の間の経路は、それぞれ短絡経路だとされる。もしラカンが辺に「重み」が与えられた状態での最適な経路を産出するモデルを想定しているとすれば、その場合の「重み」は、ラカンのグラフにおいてシニフィアン連鎖を示す別のラインとの関係で考えられよう。シニフィアン連鎖を通過して自我理想（I(A)）まで至る経路は、より「重い」もので、特定の課題が課される場合にのみ通過される。それ以外の場合には短絡経路を通ったほうがより少ないコストで同じ結果を得ることができる、というわけである。しかし、ラカンがどのような数理モデルを想定していたのかは、実際には明示されていない。

第一段階のグラフ（図7）において、$から出発した主体の欲動は、大他者（A）の場所でシニフィアン連鎖に出会い、そこから意味を見出す（s(A) = signifié de Autre：大他者の意味）道行きを通る。その行程をたどるいちばん最初の道行きにおいては、まだ短絡経路は開かれていない。このグラフによって示されているのは、「母」という大他者の象徴的秩序の中に意味を見出そうとする心的装置の構造である。[10] 前節で見たように、心的装置はここで「母」が示す恣意的な象徴的秩序のうちで自己を位置づける。そのとき、心的装置は「理想自我（$i(a)$）」を介して自己（m）を獲得する。理想自我とは、第二章1節で見たように、鏡に映った自己像を意味する。「母」が示す象徴的秩序の中で、心的装置は鏡像を介して自己を見出そうとするのである。

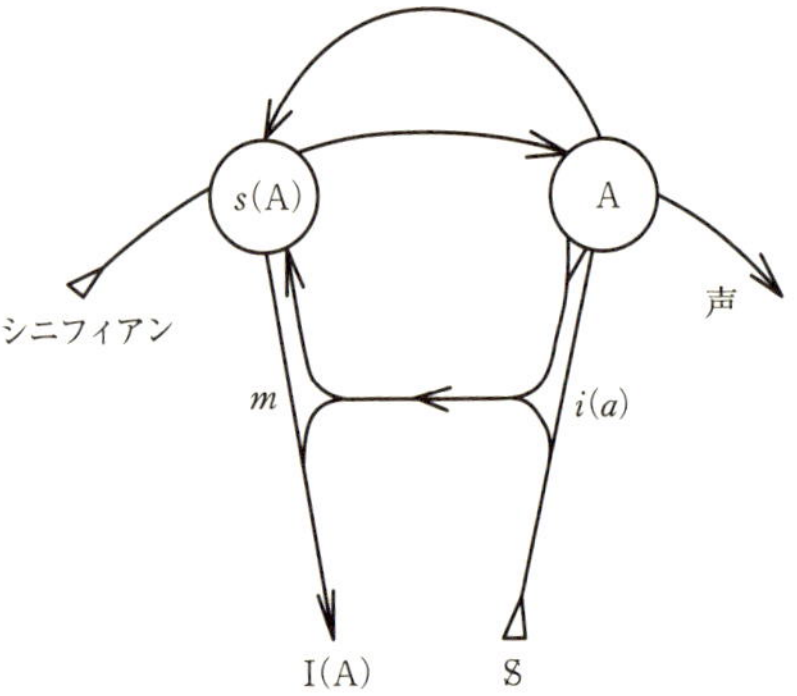

図7

しかし、「母」の恣意的なシニフィアンの横溢の中で、心的装置はより高次の審級を求めることになる。図8が示すのは、「母」という大他者を離れて、「母」も含めた「すべて」を規定しうるような「大他者の大他者」を求める心的装置の道行きである（cf. E, 815）。最初の象徴的秩序に隷属していた主体は、より高次の大他者を求めて「想像的父」を召喚する。図8のグラフに「Che vuoi? = 汝、何を欲するか」というカゾットの悪魔の台詞が書き込まれているのは、そのためである。カゾットの悪魔は、理想的な対象として「惚れ込み」を生起させる。その惚れ込みに対応するものとしてラカンが示すのが「幻想（$\$ \diamond a$）」の記号である。

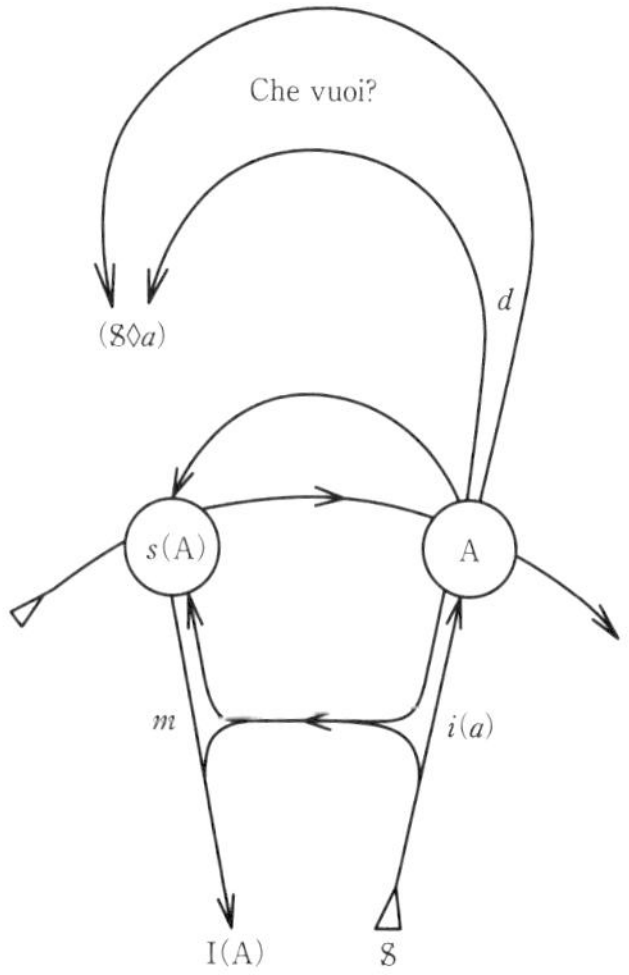

図8

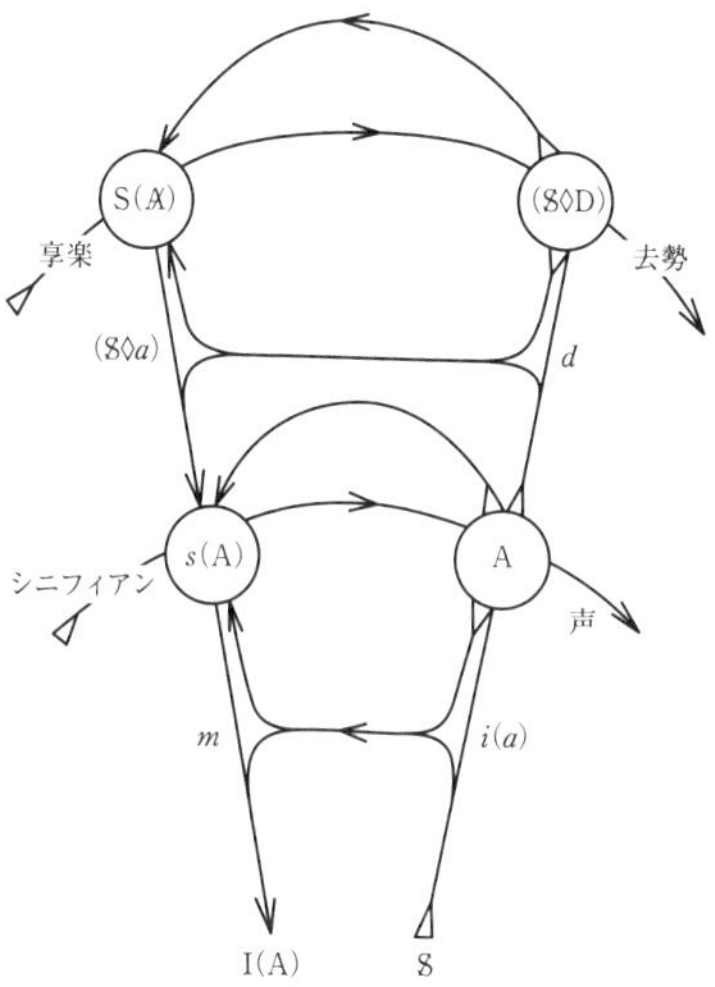

図9

この$\$\diamond a$には、欲望の応答者であり、支えであるようなものがあります。それは欲望がその対象に固着する点ですが、それは自然的なものとはとてもいえません。それは、むしろ常に大他者との関係にとらえられた主体の特定のポジションによって構成されるのです。この幻想的な関係の助けを借りて、ひとは自らを見出し、自分の欲望を位置づけるのです。(S-V, 442／(下)二八八)

後のラカンの理論的展開の中でとりわけ重要な役割を担う「幻想」の概念が、ここで初めて定義されている。それは「すべて」を知るとみなされる「悪魔」との関係に「斜線を引かれた主体($\$$)」がとらわれること($\$\diamond a$)を示している。悪魔は、ここで単に「欲動の対象

（a）」として示されており、「自我理想（I(A)）」とは区別されている点に注意しておきたい。フロイトがいうように理想的な対象に惹きつけられることが「惚れ込み」であり、それを自我理想として取り込むことが「同一化」であった。しかし、ラカンはここで、aとIを区別している。後に詳しく見るように、この論点は精神分析を催眠から区別する重要な分水嶺とされる〔↓一八九頁〕。
　また、この「幻想」という概念は、「転移」と呼ばれる精神分析に特有の概念にも密接に関連するものとなっている。これも後に見ることになるが〔↓一八八頁〕、精神分析のセッションにおいては、分析家が「知っていると想定された主体」とみなされることで転移が引き起こされる。「知っていると想定された主体」とは、われわれがすでに知っている例でいえば、カゾットの悪魔である。転移とは、つまり分析家が分析主体にとっての惚れ込みの対象になることとして理解されるのである。

「$\$\diamond D$」、「$S(\cancel{A})$」

　第二段階での「想像的父」の召喚は、すべての存在者が同様に「奴隷」であることの「確信」によって最後の段階へ至る。図9に示されるものが、エディプス・コンプレックスが完成された段階での心的装置の構造である。そこには、より高次のシニフィアン連鎖のラインが示されていることを、まず見るべきだろう。「母」の象徴的秩序とは異なる「父」の秩序が、そこに示されている。「父」のシニフィアン連鎖に欲動の道行きが最初に出会う結節点（＝ノード）に示されているのが、「$\$\diamond D$」という記号である。グラフの下段で「大他者（A）」にあたる場所に、より高次の大他者、すなわち「大他者の大他者」が書かれていないことに意味がある。すでに見たように、全体を措定する「父」

を召喚することで、「母」のシニフィアンの恣意性から脱する道が開かれるのであった。しかし、恣意的な主人を排した後、新たに高次の主人が立てられるのではない。奴隷たちは「死」を「絶対的主人」とすることで、主人を排してなお共通の枠組みの中で自己の意識を獲得することができた。それゆえ、高次のシニフィアン連鎖において「大他者の大他者」に出会うはずの場所で、心的装置は端的に「奴隷」としての自己の意識を見出すことになる。

> この点（$\$ \diamond D$）はまた、要求が大他者へと到達する点、つまり要求がパロールの場としての大他者の中で規範の存在に従属する点に対応します。この地平において「意識される」と呼ばれる形式のもとに産出されうるものが獲得されるのです。しかし、それは単に「意識される」ことではありません。それは、話す存在としての主体が自分の要求をそのようなものとして分節化することで「意識される」のです。そして、それによって主体が位置づけられます――（$\$ \diamond D$）（S-V, 440／㊦二八五）

「要求（demande）」と呼ばれるものが、ここで「D」という記号で記されている。「要求（D）」とは、ラカンにおいて「欲望（*d* = désir）」との対立で語られる。右の引用を十全に理解するためには、その点を押さえておく必要があるだろう。

フロイトは、最晩年のテクストで、現実原理に準拠するように行動を迫られる自我は、それでも無意識において欲動の命じるところに従おうとする自我との間に「分裂（Spaltung）」を来す、と語っていた（cf. Freud XVII, 59ff., 133ff.）。フロイトのこの論点は、事柄としては本論で見てきたことに照らして新しいものではない。すなわち、フロイトがここで「自我の分裂」と語るものは、象徴的秩序にとらわれた心的装置が、欲動の満足を自我理想が示す現実原理に即したものに見出しながらも、同時に意識されない次元において、対象の変更も辞さずに失われた対象を求め続ける機制をもつことを示している。ラカンは、そのフロイトの「分裂」という論点を「要求」と「欲望」の分裂として語り直す（cf. S-V, 335／㊦一二九）。「要求（demande）」とは、ラカンによれば「信じて身を委ねること（demandare）」にほかならない（cf. S-V, 94／㊤一三五）。「父」が示す現実原理に則ることが満足を得るための唯一の道だと信じて身を委ねることが「要求」だとされるのである。

「S̸◇D」という記号は、こうして斜線を引かれた主体が「要求」との関係にとらわれ、そこに自己を見出すことを示すものであることがわかる。より高次のシニフィアン連鎖との出会いにおいて見出されるのは、「大他者の大他者」ではなく、すべての人々が等しく「奴隷」であることの「確信」なのだ。

その帰結として見出されるものが「S(A̸)」であることも、そこからおのずと理解される。より高次のシニフィアン連鎖を経て、下段のグラフで「大他者の意味（s(A)）」とされた場所に見出されるのは、「大他者の大他者は存在しない」ことを示す「大他者における欠如のシニフィアン（S(A̸)）」である。

この〔図9の〕左上のところでは、何が構成されるのでしょうか。それは、もはや大他者のシニ

> フィエ、すなわち s(A) ではなく、まさに「分裂」をこうむった大他者を意味するもの（シニフィアン）、つまり、S(Ⱥ) です。大他者自身が分裂によって構造化されており、すでにその諸効果をこうむっているのです。〔…〕この去勢された大他者は、〔低次のシニフィアン連鎖における s(A) と同じ〕メッセージの場所に現れます。（S-V, 394／(下)二一五）
>
> これ〔S(Ⱥ)〕は、大他者における欠如のシニフィアンと読みますが、その欠如はシニフィアンの宝庫である大他者の機能に内属しています。このようにいえるのは、大他者がそのような宝庫であることの価値を保証することが求められている（Ché vuoi）からです。つまり、大他者が位置づけられるのは〔グラフの〕下段の連鎖ですが、その場所を〔グラフの〕上段の連鎖として構成されるシニフィアンにおいて保証することが求められているのです。
>
> 　ここで問題になっている欠如は、われわれが大他者の大他者は存在しない、ということで定式化したものです。（E, 818）

かつて主人とみなされた「母」は、今や「父」が示す象徴的秩序へと包括される。しかし、そこでは「大他者の大他者」といわれるような高次の主人が措定されるわけではない。そこで見出されるのは、むしろすべての者は等しく奴隷であるということであり、大他者はそれ自身、欠如をうちに含むことによって世界の意味を確定する機能を果たすのである。

「例外」の内在的超越

このことは、つまり「例外」として、「象徴的なもの」の意味を確定する「父」が「外」に実体的に措定されるのではない、ということを意味している。われわれは「すべて」の存在の本質を規定する「父」の存在を神として措定することはできる。かつての哲学がそうであったように、例外としての神の存在を証明することは、世界の成立を説明するために不可欠とみなされた。

しかし、カントが批判したように、そのような外部を実体的に措定することは、理性の誤った使用だといわなければならない。あるいは、ヘーゲルの論理に従って、そのような意味での「主人」が実体的に存在する必要はまったくない、ということもできる。必要なのは、つまり「すべて」の全面的な服従であり、例外は奴隷たちの服従を支えるものであれば、実体的な存在である必要はないのである。

しかし、それでもまさにその服従が成立するために、例外はなお例外として機能する必要があるだろう。例えば『純粋理性批判』のカントは、「虚焦点」という概念でそれを示した。

超越論的理念には、ある卓越した、不可欠の、かつ必然的な統制的使用がある。つまりは、悟性をある目標に向かわせるということであり、この目標を目指して悟性のあらゆる規則が有する方向性は一点に帰着する。この一点は、確かに理念にすぎない。すなわち、それはまったくのところ可能な経験の限界の外部に存するのだから、問題の一点は悟性概念がそこから現実に発する点ではない。それにもかかわらず、その一点は、悟性概念に対して、最大の統一ならびに最大の拡

大を与えるのに役立つ一点なのである。（Kant, A644 / B672）

可能な経験の限界の外部に存する「一点」が、すべての人々の悟性の規則を統制する。それは何らか実体的に措定されるものではなく、それが存在する「かのように（als ob）」人々が考えるだけでよい。「世界の事物は、あたかもそれが最高の叡知からその現存在を手にしたかのようにみなされなければならない」（Kant, A671 / B699）。そうすることで初めて世界は相対性から救われる、とカントは考えたのである。

大他者の欠如のシニフィアンとしてラカンが示したことは、まさにこのカントの「虚焦点」の論理的必然性を示すものだといえる。「大他者の大他者」を実体的に措定することはできないが、しかしそれは欠如として示されることで、シニフィアンの象徴的秩序に意味を与えるものとして機能するのである。

ラカンの精神分析をひとつの哲学として理解する道は、こうして整えられたといってよいだろう。精神分析は単に幼児期の精神の発達を記述するものではなく、われわれの認識と行動の枠組みが成立する過程を示すものだということができる。共通の地平において人々が同じ「私」でありうるのは、心的装置が同じ自我理想を共有する過程を経るからだといわなければならない。

このことは、逆にいえば、哲学が単に理論としてあるだけでなく、実際にわれわれの認識と行動を規定する枠組みとして機能していることを意味している。哲学は、単に文化遺産として保護の対象になるものではなく、現に「われわれ」の心的装置の構造をそのようなものとして規定し続けているものである。カントの哲学で思考を止め、各人が自己の意識を共有することを前提として憚《はばか》らない議論は、この意味において、他の構造化の可能性をあらかじめ排除する暴力を不断にふるっているといえる。

哲学が暴力として現に機能しているという認識を欠いたところでは、いかなる哲学研究も成立しないのではないか。哲学の実践可能性を考えるためにも、本論ではさらにラカンの思考の道行きをたどり続けることにしよう。そこには心的装置の別様な構造化の可能性が記されているはずである。

第四章

数理論

理念的なものの
構造について：1961〜62年

一九九四年、アラン・ソーカルは「境界を侵犯すること」と題した論文をカルチュラル・スタディーズ系の雑誌『ソーシャル・テキスト』に応募し、掲載される。現代思想の概念を適当にちりばめて、それらしく書かれただけのこの論文が雑誌に掲載されたことで「現代思想なるもののいかがわしさ」が証明されたと、テクストの難解さに苦しんでいた一部の人々はにわかに色めいた。その後に出されたジャン・ブリクモンとの共著『「知」の欺瞞』（一九九七年）では、さまざまな現代思想家のテクストが部分的に取り上げられ、その数学的用法の曖昧さが批判された。

　そのような批判は多分に政治的なものであり、理論的な価値を見出すことは困難である。実際、『「知」の欺瞞』がラカンに割いた頁のほとんどは、単に「ラカンは何をいっているのかわからない」と主張しているものに読める。「確かに、ラカンは彼が援用する数学について漠然とした考えは持っている。〔…〕彼の述べていることは、意味が通るときは、いつもがいつもでたらめというわけではない。それよりも大切なのは、彼が1章に記した第二のタイプ〔「自然科学の概念を、概念的なあるいは経験的な正当化をすこしも行わずに、人文科学や社会科学に持ち込むこと」〕の濫用に〔…〕長けていることだ。精神分析と数学の間の彼のアナロジーは、おおよそ考えられる限り気ままなものだが、彼はそれらのアナロジーの経験的あるいは概念的正当化を金輪際与えない。〔…〕そして、上面の博識ぶりと意味のない文章を並べ立てる技の冴えは、これまでの引用を見れば十分だろう」[1]（強調は引用者）。ラカンのテクストに対するこうしたソーカルとブリクモンの態度は、自分の知の枠組みを前提に理解可能なものだけを理解し、理解不可能なものを無意味と排除すること以上のものではない（「意味」とは何であったか、第二章の議論を思い出していただきたい）。このような言説に理論的な価値はないが、しかしそれは実際に政治的な影響力をもった。つまり、ラカンのテクストが読まれなくなったのである。難解なテクストの排除と一九九〇年代という時代性との連関は、それ自体、分析の対象になりうる。だが、これ以上立ち入ることは控えよう。本章の課題は、ともあれ中期ラカンの数学の応用について、その哲学的価値を明らかにすることにある。前章で見たグラフ理論をはじめとして、ラカンは位相幾何学（トポロジー）を中心に数学を参照し、理論的な応用を試みた。その嚆矢は、一九六一～六二年のセミネール第IX巻『同一化』である。本章の論述によって、「金輪際与えない」とされる（実際、ラカンがていねいに説明していないことは確かだが）「経験的あるいは概念的正当化」がいくぶんか補足され、ラカンのテクストが少しでもアクセス可能なものになることを期したい。

1　メタ言語は存在しない――「嘘つきパラドックス」の論理

言語階層論

「大他者の大他者は存在しない」というエディプス・コンプレックスの帰結は、ラカンにおいて「メタ言語は存在しない」と言い換えられる。そこで語られる事柄は、以下に見るように、最終的には前章で見た事態に帰される。それでも、しかしまさに同じ事柄が「メタ言語」という現代論理学の用語で語られることで一定の理論的な広がりが見出される。

ラカンにおける「メタ言語」という概念は、アルフレッド・タルスキ（一九〇一―八三年）の言語階層論を背景にして語られる（cf. S-V, 74／(上)一〇五）が、それは「嘘つきパラドックス」という論理学上の難問を解決するために導入されたものだった。

「私は嘘をついている」と語られるとき、それは嘘か本当か。このとき、「私」が真実を語っているとすれば、「私は嘘をついている」という言及内容も真であるはずだが、そうするとしかし、私は現に嘘をついていることになり、仮定と矛盾する。反対に、「私」を嘘つきだとみなしたとしても、私が嘘をついているのだとすれば、「私は嘘をついている」も嘘であることになり、私は実際には嘘をついていないことになってしまう。だが、それもまた最初の仮定と矛盾する。現代論理学において「嘘つきパラドックス」と呼ばれる問題は、このように真／偽のどちらを仮定しても「真かつ偽」という矛盾を帰結する命題をめぐるものだった。

タルスキは、そこで「メタ言語」を導入して、このパラドックスを解決しようとした。すなわち、タルスキは命題について語る言語の階層と命題において語られる言語の階層を区別し、前者を「メタ言語」、後者を「対象言語」とした。例えば「命題pは真理である」という命題qを考えよう。このとき命題pは、命題qにおいて語られるものなので「対象言語」に属し、命題qは命題pに対してメタ言語の位置をとっている。こうしてタルスキは言語階層を分けることで、嘘つきパラドックスを解決できるというのである。[2]

嘘つきパラドックスの命題を「私$_2$：「私$_1$は嘘をついている」」というように言語階層を区別して考えてみよう。そうすれば、「私は嘘をついている」と「語る私$_2$」と「語られる私$_1$」は別の「私」であることになる。二つの「私」がそもそも異なるものなら、両者について別々に真／偽を確定することができる。それならば、そもそもパラドックスは生起しない。嘘つきパラドックスは、異なる言語階層に属する「私」を同じものと考えることで起きる矛盾とみなされるのである。

だが、少し考えてみれば明らかだが、言語階層が異なる「私」をそれぞれ違う「私」だとしたところで、パラドックスで問題にされていたことを解決できているわけではない。ソール・クリプキが指摘したように、われわれの日常的な言語使用において、その二つの「私」がまさに同じものを意味してしまうことに問題の核心がある。「私は……」と語り出される命題すべてにおいて、そこで「語られている私」が、それを「語っている私」と異なるものだとすれば、次に見るように、われわれはほとんど有効なコミュニケーションを望むことができないだろう。

ラカンが用いる例で考えてみる。「私はこれからレンベルクに行く」という者がいたとして、その命題は通常の理解の文脈では、それを「語る私」が「自分がこれからレンベルクに行くこと」を表明していると理解されるはずである。実際確かに、そうした「語る私」と「語られる私」の一致は、単に語り手の、あるいは聞き手の期待にすぎないのかもしれない。しかし、それでも「レンベルクに行くと語る私」が「レンベルクに行くと語られる私」と同じものを指示しないとすれば、われわれはその語りによってほとんど何も意味を伝達することができないように思える。「おまえは本当にレンベルクに行くからレンベルクに行くなどというのだな。そんなことをいうのは、クラコヴィーに行くと思わせたいのだろう」（S-XI, 127f.／一八三）。「語る私」と「語られる私」の区別は、「象徴的なもの」の意味作用にある種の亀裂を生じさせるもののように思われるのである。

メタ言語と形式化

ラカンの「メタ言語は存在しない」という命題は、こうした文脈を踏まえた上でなされる。

メタ言語という概念は、しばしばひどく不適切な仕方で用いられます。それはひとが、メタ言語が構造化の現象のすべてを位置づけ直す形式的な要請をもちながら、メタ言語自身がその構造化の現象の中に位置づくということを理解していない、あるいはメタ言語自体が言語の曖昧さをもっていることを理解していないからです。言い換えれば、メタ言語は存在せず、あるのは諸々の形式化である、ということです。それは〔タルスキのような〕論理学においてであれ、私があなたがたに示そうとしている自律的な水準にあるようなシニフィアンの構造の水準においてであれ、同じことです。（S-V, 74／(上)一〇五）

メタ言語は、対象言語を「構造化」する位置に置かれながら、なおそれ自身が語られるものの中に繰り込まれる。ラカンは、そのことの無理解が「メタ言語」という言葉に曖昧さを与えているという。メタ言語自体が言語であるために、対象言語に対するメタなポジションを維持できない、といわれるのである。ラカンがここで指摘しているのは、右に見たタルスキに対するクリプキの批判と同様のことだと考えることができる。われわれの通常の言語使用においては「語る私」と「語られる私」は言語階層を異にするにもかかわらず、同一の「私」を指し示してしまうのである。

それゆえ、ラカンは「メタ言語は存在しない」という。そこで機能しているのは「諸々の形式化」の作用であって、「メタ言語」ではない。形式化は、「自律的な水準にあるようなシニフィアンの水準」において命題の意味を規定するようなメタ的な作用ではあっても、メタ言語ではないといわれるのである。ここでいわれる形式化の作用とは、先に「クッションの綴じ目」として示されたものと考えることができる。ラカンは言葉が意味をなす構造を、自律的に構造化するシニフィアン連鎖が「クッションの綴じ目」を中心にして意味との対応を「確信」する、ということで説明していた。「私はレンベルクに行く」という単なるシニフィアンの連なりが意味をなしうるのは、「クッションの綴じ目」によって意味の枠組みの共有が確信されるかぎりにおいてだった。ラカンの理論において「メタ言語は存在しない」といわれる理由は明らかである。「私はレンベルクに行く」と「語る私」は、「語られる私」に準拠して初めて言語的に規定されるのであり、「語られる私」を規定する次元はメタな言語ではないのである。

だが、その構造が「論理学において」も同様だといわれるのはなぜだろうか。現代論理学に対するラカンの言及が単なる「上面の博識」ではないことを示すには、もう少し論理学の文脈に立ち入って検討する必要があるだろう。

クリプキによる「嘘つきパラドックス」の解法

クリプキは、日常言語においては言語階層が縮減されることをもってタルスキを批判した。では、そのクリプキは、嘘つきパラドックスをどのように解決したか。クリプキは言語階層が縮減する構造を論理化し、その中で嘘つきパラドックスの性質を明らかにしようとした。少しまわり道になるが、確認しておく。

まず、真偽不明のさまざまな文の集合L_0が与えられているとする。そのとき、何らかの仕方で「真理」を定義できれば、それぞれの文について「……は真である」や「……は偽である」などと判断ができるはずである。実のところ、問題はこのような「真／偽」の判断がどのようにして可能かということなのだが、クリプキではさしあたり問題にされていない。一般に現代論理学の文脈では、ある命題が真であるということは、タルスキにならって、そこで語られている内容が実際に成立することとして考えられる。[3] クリプキもまたそれを踏襲しているといえる。[4] だが、そのこと自体が問題含みであることは、論理学の分野でも、例えばドナルド・デイヴィドソンの批判がある。命題の真偽を命題内容の現実との対応に求めるためには、少なくともあらかじめ与えられた文の意味がすべて明らかでなくてはならない。だが、それを前提にすることはできない。デイヴィドソンによれば、意味から真理へ至ることはできず、意味を確定するためには、まず真理を前提にしなければならない、といわれるのである。この問題は、まさにラカンにおいて、それ自身においては何も意味しないシニフィアンが「クッションの綴じ目」によって真理と意味を確定させるといわれる事柄に関わるものであるが、この点についてはここでは措く。[5]

ともあれ、クリプキは文の集合L_0に属するすべての文に対して「真／偽」の判定が試みられたと考える。そして、何らかの仕方で、いくつかの文が「……は真である」といわれ、別の文は「……は偽である」といわれたとする。だが、そのとき、なお「真偽未定」という文が多く残されることだろう。つまり、L_0のすべての文について真偽判定が試みられたとき、ひとつ上の言語階層における文の集合L_1は、「真」、「偽」、「真偽未定」の三つの部分集合に分けられることになる。

しかし、こうしてひとたび「真／偽」の判定がなされたなら、言語階層を上げるに従って「真偽未定」の文を減らしていくことができる、とクリプキはいう。最初の言語階層を上げる段階で、ただひとつ「雪は白い」という文について「真である」ということができただけでも、もうひとつ言語階層を上げる段階では、例えば「雪は白い」と書かれている『ニューヨーク・デイリー・ニューズ』の記述について「真である」といいうる。このように言語階層を上げて「真偽未定」の文を減らしていくことで、われわれはやがていくら言語階層を上げても真理値がいっこうに変わらない地点へと到達することになる。その地点の言語階層をｉとすれば、それ以降は真理値が変わらないわけだから、$L_i = L_{i+1}$となるはずである。そこでは、手持ちの命題にいくらメタな言及を重ねても、真偽不明の文が減らない状態になっているのである。

こうして、言語階層を上げても真理値が変化しない地点に達することで、言語階層を異にする二つのものを「同じ」とみなしうる地平が確保される。$L_i = L_{i+1}$ということは、つまりそれ以上の言語階層の増加がL_iまで縮減されることを意味することになる。クリプキは、このように言語階層の縮減を定式化するのである。

さて、このように考えると、すべての自己言及文は、もし何も前提を置かないとすれば、いくら言語階層を上げたとしても「真偽未定」にとどまることがわかる。「ウォーターゲート事件についての私の発言は、すべて真理である」と語るニクソン大統領の発言は、真か偽か。自己言及するだけの文は、いずれかの真理値を前提にしないかぎり、常に「真偽未定」にとどまる。

このとき、しかし肯定的な自己言及文なら、いずれかの真理値を前提にすれば、「真／偽」を確定できる。「私は真理を述べている」というニクソンの発言は、「ニクソンは嘘つきである」とか「ニクソンは常に真理を語る」という前提を無根拠でも置けば、なにがしかの真理値を確定できるのである。

だが、「私は嘘をついている」という文については、そうではない。それは同じ自己言及文だったとしても、自ら語った内容を否定している。このような否定的な自己言及文では、いずれの前提を置いても、矛盾を来すことになる。つまり、「嘘つき文」は「真偽未定」にとどまることになる。しかし、まさにどのような前提を置いても常に真偽未定にとどまるのは、嘘つき文だけである。他のあらゆる文は、ともあれ何らかの真理値を前提にすれば真偽を確定できるが、嘘つき文だけはそうできないのである。それゆえ、嘘つき文は、常に「真偽未定」にとどまる文、と定義することができるだろう。クリプキはこうして、パラドックスを引き起こす嘘つき文に固有の身分を割り当てることで、パラドックスの内実を示したと考えたのだ。

だが、このクリプキの解法も十分なものとはいえない。クリプキが「嘘つき文」に与えている定義は、他のすべての文は何らかの仕方で真理値を確定できるが、嘘つき文はそうではない、というものだった。しかし、そのように否定的に与えられる定義では、嘘つき文がもっている構造上の問題を明示化するには至っていないように思われる。実際、クリプキの解法は、「私は真ではない」というほんの少しだけ表現を変えた否定的自己言及文をもって破綻することが知られている。クリプキがいうように、嘘つき文はすべてどのような真理値を前提にしても「真でも偽でもない」としよう。つまり、嘘つき文は「真でない」と同時に「偽でない」。しかし、「私は真ではない」という嘘つき文が「真でない」かつ「偽でない」とすれば、再びパラドックスを引き起こしてしまう。クリプキの嘘つきパラドックスの解法は、こうして破綻するのである。

嘘つきパラドックスの真理

では、ラカンによれば、嘘つきパラドックスはどのように解決されるのだろうか。われわれは、そこに論理学におけるラカンの可能性を見ることができる。

「私は嘘をついている」といわれて、「君が「私は嘘をついている」というとき、君は真理を語っているのだから、嘘をついてはいない」と答えたら、それはまったく間違っています。「私は嘘をついている」という言表内容は、そのパラドックスにもかかわらず、完全に有効であることはまったく明らかです。というのは、この言表している「私」、すなわち「言表行為〔l'énonciation〕」の「私」は、「言表内容〔l'énoncé〕」の「私」、すなわち言表されたものの中で「私」を指し示す「シフター〔shifter〕」と同じものではないからです。〔…〕

言表内容と言表行為を分離すると、次のようになります。つまり、まず「私は嘘をつく」は言語内容の連鎖の水準にあることがわかります。「嘘をつく」というのはひとつのシニフィアンであり、大他者の中で語彙の宝庫の一部をなしています。そこで「私」は遡及的に規定され、言表内容の水準で発生する意味内容になるのです。しかし、それは言表行為の水準で作り出されるものによります。そこから言語内容の連鎖の水準における「私は嘘をつく」は「私はあなたを騙す」〔という言表行為の水準〕に帰着するのです（S-XI, 127f.／一八二―一八三）

確かに、このラカンの説明は十分なものとはいえない。しかし、すぐ理解できないからといって「意味のない文章を並べ立てている」と切り捨てることはできない。意味の定かではないシニフィアンから意味を見出すことは、むしろ新たな知を開くための条件であることを、われわれはすでに見てきた。ここで問題になっているのは、まさにその哲学の実践である。

さて、ラカンはここで「言表行為の私」と「言表内容の私」を区別してパラドックスを分析している。この戦略自体は言語階層論と同じである。しかし、ラカンは「私は嘘をつく」という言表内容を、それ自身では意味をもたないシニフィアン連鎖とみなす。つまり、単に「私は嘘をつく」と語られるだけでは、その「意味」は明らかではないのだ。言表内容において語られるものは、言表行為の次元と区別されて、それ自身で考えられた場合、「真偽未定」である以前に「意味不明」なのである。言表内容において語られるものが意味をなすためには、それについて語る言表行為の次元が不可欠となる。だが、言語階層を増やし、シニフィアンについて語るシニフィアンを積み上げても、言葉は意味をなさない。第二章で構造主義的言語学の知見をもとに示されたように、「全体」へと統合されないシニフィアンは別のシニフィアンに連なっていくだけなのであった。そこで、もし既存の知の枠組みに準拠して「私」や「嘘をつく」などの語の意味を先取りするなら、区別されるべき言表行為の次元の「私」と言表内容の「私」を先走って一致させてしまうことになるだろう。「私」はそこで言語階層を貫いて同一の「私」とみなされる。「言表内容の私」と「言表行為の私」は、ラカンのいうように、あくまで区別されなければならないのである。

しかし、なお日常的な言語使用においては「言表内容の私」と「言表行為の私」は一致する。そこで「私」といわれるものは、実際に言語階層を貫いて同一の「私」とみなされるのだ。「意味不明」なものとして与えられる言表内容に意味を与える言表行為の次元を考えることで、このパラドックスは解決する。『アタリー』の対話がそうであったように、語られる内容の意味を確定するために必要なのは、語られたシニフィアンをたどって言表行為の水準にあるはずの「私」について何事かを「確信」することだった。右の引用で「言表行為の水準で作り出されるもの」によって「言表内容の水準」における「私」の意味内容が確定する、とラカンがいうのはそのことである。言表行為の次元における「形式化」の作用が、単なるシニフィアン連鎖に意味を与えるのである。

ここで、その言表行為の水準における「私」自体が、言表内容において語られたものから「作り出されるもの」とされていることにも注意しておこう。言表行為の水準にあるはずの「私」は、同じ全体のうちに言葉を共有していると確信されることで初めて生まれるものだからだ。言表行為の次元の言語的な規定は、言表内容において語られるものに準拠しているのである。

嘘つきパラドックスとは、つまり、それ自体において言葉が意味をなす構造を示すものになっていることがわかる。言表行為と言表内容は、本性的な差異をもちながら、意味をなすということにおいて重なり合う。語り手と聞き手が同じ言語の枠組みを共有していると互いに確信し合うかぎりにおいて、「語る私」と「語られる私」は同一の「私」を意味しなければならないものになるのだ。嘘つきパラドックスは、しかし言語がそれ自身として意味をもたないこと、直ちに理解されるように思われる文の意味が実は聞き手の先走った知の枠組みの適用でしかないことを明らかにする。論理学は、そこで言葉と意味の臨界に行き着いている。ラカンの理論は、その臨界の構造を示すものとなっているのである。

2　ラッセルのパラドックスの論理

嘘つきパラドックスに内在する論理を示すラカンの理論は、まったく同じ理路によって集合論におけるラッセルのパラドックスを解く。そして、それは後に見るように、難解で知られるラカンのトポロジー論を理解する鍵となる。前節での議論を踏まえた上で、今度は集合論とラカンの対話をたどることにしたい。

ラッセルのパラドックスとは何か

バートランド・ラッセル（一八七二―一九七〇年）のパラドックスは、今日の論理学の立場から振り返って、初期の集合論の限界を示すものとみなされている。ゲオルク・カントールやリヒャルト・デデキントの「素朴」な集合概念を用いれば、ラッセルのパラドックスは避けられない。それゆえ、ラッセルやエルンスト・ツェルメロは、集合概念をパラドックスをなさないものに定義し直し、その上に現代の集合論を成立させた。

現代の論理学は、つまりパラドックスを回避したところに、矛盾を来さない体系を考えている。だが、それはラッセルのパラドックスがもつ構造を見ないで済ませたことになるのではないだろうか。そもそも、なぜ「素朴」と形容される集合概念を用いるとパラドックスを来すのか。現代論理学では、その点が説明されないまま放置されている。ラカンの「論理学」は、しかしまさにその点を問題にする。まずはラッセルのパラドックスがどのようなものだったのかを確認するところから始めよう。

「集合」とは何かという原理的な問題は、まずは措く。ここでは、簡単に「包括原理」というカントールに帰される原理によって集合が定義されると考えよう。それは「ある性質を共有する対象は集合を形成し、それらの対象が集合の要素となる」というものである。集合において共有される対象の性質が「内包」といわれ、それによって集合に含まれる要素のすべて（＝「外延」）が数え上げられる。

さて、その「素朴」な集合概念は「自分自身を要素としてもたない集合の集合」という集合を考えたとき破綻するといわれる。「自分自身を要素としてもたない集合の集合」というものは、ではどういうものなのか。その具体的なイメージを得るために、まず「自分自身を要素としてもたない集合」というものを考える。それは、例えば「犬の集合」、「偶数の集合」、「赤いものの集合」のようなものである。「犬の集合」は、それ自身は集合であって犬ではない。それゆえ、犬を要素としてもつような「犬の集合」の中に「犬の集合」自身は含まれない。当たり前のようではあるが、この点を確認することには意味がある。同様に、「偶数の集合」も「赤いものの集合」も、それ自身は集合なので、自分自身を要素としてもつことはない。それゆえ、たいていの集合（より厳密にいえば、定義のうちに他の集合に対するメタ的な言及を含まない集合）は「自分自身を要素としてもたない集合」であることになる。

これに対して「自分自身を要素としてもつ集合」はどうだろうか。それは、例えば「犬ではないものの集合」、「偶数ではないものの集合」、「集合の集合」などである。集合は犬ではないため、「犬ではないものの集合」の要素となる。同様に、「集合の集合」もまた集合であるため、「自分自身を要素としてもつ集合」であることになるだろう。「自分自身を要素としてもつ集合」には、こうした特定の集合の成立（「犬」、「偶数」、「集合」）を前提にし、それについてのメタ的な言及を含むものが含まれる。

さて、このとき「自分自身を要素としてもたない集合の集合」というのは、自分自身を要素として含むのだろうか。すべての集合が「自分自身を要素としてもつ集合」（仮に「A集合」とする）か「自分自身を要素としてもたない集合」（¬A集合）のどちらかに分けられるとすれば、ラッセルが提案する「自分自身を要素としてもたない集合の集合」（以下、「R集合」）もA集合か¬A集合のどちらかであるはずだ。論理学において排中律が適用されるかぎり、そうでなければならない。だが、ラッセルのいうR集合は、次に見るように「Aかつ¬A」であるような矛盾した集合になってしまうのである。

まずは、R集合がA集合、すなわち「自分自身を要素としてもつ集合」だと仮定してみよう。とすると、R集合はR集合の要素のひとつに数えられるわけだから、R集合はR集合の定義、すなわち

「自分自身を要素としてもたない」という特徴をもつはずである。ならば、R集合は「自分自身を要素としてもたない」わけだから、まさに¬A集合であることになるだろう。すなわち、「RはAかつ¬Aである」ことになるが、これは矛盾である。

だからといって、Rが¬Aだと仮定しても、矛盾は避けられない。Rが¬Aだとすれば、「自分自身を要素としてもたない」わけだから、Rは「自分自身を要素としてもたない集合」であるはずである。だが、これはまさにRの定義にほかならず、Rは「自分自身を要素としてもつ」ことになるだろう。すなわち、RはAであることになり、「RはAかつ¬Aである」という先と同じ矛盾が帰結することになる。Rは、「素朴」な集合概念に依拠するかぎり、不可避的に矛盾を示すということをラッセルは示したのである。

ラッセルによるパラドックスの「回避」

少し考えればわかるように、ここでの矛盾は集合における自己言及によって引き起こされている。ラッセル集合がその規定の一部としてもつ「集合の集合」という性質自体、集合についてのメタ的な言及をもつものであった。「集合の集合」は集合なのだから「自分自身を要素としてもつ」。そのとき、メタ的な記述と相容れないとみなされる規定、すなわち「自分自身を要素としてもたない」ことを定義とする集合の集合を考えることで矛盾が引き起こされる。「対象とされる集合」と「対象とする集合」の間の規定の齟齬が矛盾を引き起こしていると考えられるのである。

つまり、ラッセルが集合論で示したパラドックスは、前節で見た嘘つきパラドックスとまったく同型のものであることになる。論理学において避けがたい矛盾を示す自己言及パラドックスは、「私」を「嘘つき」と仮定しても、「正直」と仮定しても、同じように矛盾に導かれるものだった。「語られる私」と「語る私」という二つの「私」が齟齬を起こすかたちで接合されることで、矛盾が生まれていたのである。

実際、ラッセルがこのパラドックスを回避した方法もまた、タルスキが論理学で行った回避とまったく同じ理路をとるものだった。先に見たように、タルスキは嘘つきパラドックスを回避するために、「語る私」と「語られる私」を異なる次元にある別の「私」とみなした。メタ的な言及をする次元にある「語る私」は「語られる私」とは異なる「私」であり、両者を区別することでパラドックスは回避されると考えられた。

ラッセルのパラドックスに対してラッセルが自ら示したパラドックスの解法もまた同様である。すなわち、「対象とされる集合」を「対象とする集合」と区別し、後者を前者に対してひとつ階層が上の「タイプ」に属する集合とみなす、という方法である。個物を要素とする集合が「タイプ1」に属する集合だとすれば、「集合の集合」は「タイプ2」の集合であって、「タイプ1」よりも高次にある。そこに、「あるタイプに属する集合は自分よりも低い次元にあるタイプに属するものしか要素にもたない」という規則を追加することで、集合の間の自己言及がそもそも発生しないように理論が整備されたのである。[6]

しかし、このように自己言及そのものを回避する方法は、パラドックスにおいて問題になっている事柄の本質を見えなくするのではないだろうか。ラッセルが初めてパラドックスを示した文脈に立ち返って、問題を考え直してみよう。

フレーゲの「シーザー問題」と集合論の導入

ラッセルのパラドックスは、老ゴットロープ・フレーゲ（一八四八―一九二五年）が自身の思考の完成を印そうというまさにそのとき、その哲学の根本にあたる部分を突き崩すものとして示された。若きラッセルがフレーゲに宛てた書簡の中でラッセル集合の存在が示される。それは「算術の基本法則V」としてフレーゲが示したものに対する批判だったが、そもそもフレーゲはなぜその「基本法則」を必要としていたのだろうか。

問題の根は『算術の基礎』（一八八四年）における「シーザー問題」に遡る。「数とジュリアス・シーザー（ユリウス・カエサル）はどのように区別されるのか」という一見すると奇妙な問題を解決するために、フレーゲは最終的に集合論の概念を導入する必要に迫られた。「算術の基本法則V」は『算術の基礎』における集合論の導入をあらためて法則として定式化したものにほかならない。フレーゲが集合論を必要としたのは、なぜなのか。その理路をたどってみよう。

フレーゲ（および現代に連なる論理学者たち）の企図は、論理学を経験的な直観や心理主義的な基礎づけから解放する、というものだった。「言葉の意味〔Bedeutung〕は、命題という脈絡の中で問われなければならず、言葉を孤立させて問うてはいけない」（Frege, X）。『算術の基礎』で堅持されるべき原則の二つ目としてフレーゲが挙げた、いわゆる「文脈原理」は、論理学を直観や表象との関係で理解することの拒否を目指すものだった。ある概念にどのような対象が属するかについて、われわれは表象や直観を頼ることはできない。例えば、「犬」という概念が何らかの機制によってわれわれのうちに犬のイメージを発現させたとしても、そのイメージを頼って「犬」という概念に所属する対象を決めることはできない。経験的なものとは独立に論理学を構築するには、直観や表象を用いて概念の意味を規定することが、そこでは問題とされるのである。

後の接続のためにあえて挿入するなら、それはソシュールの構造主義的言語学の企図でもあった。シニフィアンはそれ自身では何も意味せず、言葉の意味はシニフィアン同士の関係によって規定される。言語学におけるソシュールの企図も「実体から関係へ」という哲学の流れに棹さすものであった。

さて、『算術の基礎』でとりわけ問題にされたのは「数」であった。「数」と呼ばれるものは、直観や表象の助けを借りずに、どのように定義できるのか。フレーゲは数を概念に所属する「対象」とみなすことで、概念間の対象の同一性によって定義しようとした。数を概念ではなく対象とみなすフレーゲの戦略はつかみにくいところであるが、フレーゲのいう「対象」とは、直観や表象において見出される対象ではなく、さまざまな概念に帰属する論理的な性質のようなものと考えるとわかりやすいかもしれない。そして、そこで問題とされたのが「シーザー問題」なのであった。

概念Fを「『ガリア戦記』の著者」、概念Gを「ルビコン川を渡る際に「賽は投げられた」と語った者」と考えてみよう。特定の知の枠組みに準拠すれば、それらの概念には両方「ユリウス・カエサル」という個物対象が帰属するはずである。しかし、今問題となっているのは、そのような特定の知の枠組みに準拠して判断を下すことではない。問題なのは、そのような予断なしに、いかにして二つの概念に同じ「一」という対象が帰属しうるか、ということである。「ひとつの確定した数を把握し、かつ同じものと再認するひとつの手段を獲得して初めて、当の数に固有名としての数詞を付与しうる」(Frege, 73)。では、「数」といわれるものの同一性は、どのように確保されるのか。

フレーゲは、まず「直線」という概念に帰属する「方向」という対象の同一性を平行関係から導くということを利用して、概念に帰属する数という対象の同一性を導き出そうとする(Frege, 75f.)。ひとつの直線にはひとつの方向が一意に定まっている。つまり、それぞれの直線には、それぞれただひとつだけの「方向」が帰属すると考えられる。ならば、今「直線aと直線bが平行であること」が「直線aの方向と直線bの方向が同じであること」と同値であるとしよう。そのとき、われわれは「方向」という対象の同一性を平行という関係から定義できることになる。関係から対象の同一性が導き出されることが重要である。同様に考えれば、数という対象についても定義可能性が見出される。フレーゲは「同数である」という関係を新たに作り出し、その同数関係から数という対象の同一性を導こうとするのである。

だが、この理路はフレーゲ本人によって閉ざされる(cf. Frege, 78f.)。というのも、「方向」についてわれわれが何の直観も表象ももたないとすれば、「方向」として定義されるものも単なる名前の同一性にすぎないからだ。「われわれには方向概念が欠けている」(ibid.)。つまり、ここにも「シーザー問題」が発生する。「方向」なるものの直観的なイメージが欠けているとすれば、「ユリウス・カエサル」という対象がそれ自体「方向」である可能性を排除できない。特定の経験的な前提を置かないかぎり、「方向」と「カエサル」の差異を示しえないのである。数という対象を「同数関係」から定義しても同じであることは論を俟たない。

　概念間の秩序に基づいて帰属対象を確定しようとするフレーゲの試みは、こうして破綻する。数を、直観や表象の助けを借りず、純粋なシニフィアン同士の関係によって規定しようとする試みは、「数」と呼ばれるものの意味をあらかじめ確定することなしには不可能であることが、ここに示されている。象徴的秩序の中で同様の振る舞いをする「数」と「シーザー」という二つのシニフィアンは、何らかの仕方でそれらの意味をあらかじめ確定しないかぎり、区別することができないのだ。

　そうして、フレーゲはここで、後に断頭台に上げられる集合論の概念に助けを求めざるをえなくなる。すなわち、「外延」という集合論の概念の導入である。ある直線aの「方向」を「「直線aと平行」という概念の外延である」と定義することで、フレーゲは「シーザー問題」を回避する。同様に、数についても、「概念Fに帰属する「数」は、「概念Fと同数である」という概念の外延である」(cf. Frege, 80) とすることで規定可能になるだろう。そこでフレーゲは、ある概念の「内包」(=「直線aと平行」) を規定することで、同時にその概念の「外延」が定まることを前提にしている。そして、そのことによって「シーザー問題」を回避しているのである。

　この点をもう少し立ち入って考えてみよう。「外延」を定義に用いることの何が問題なのか。「外延」とは、その概念によって定義される集合が包摂する要素をすべて列挙したものを指し示す概念であった。それゆえ、フレーゲはここで「直線aと平行」という概念の性質を与えただけで、それに属するものが具体的に何であるのかが判明する、といっていることになる。概念において内容を語られるだけのものが、集合論の概念に訴えかけられることで、その内容に対応する具体的な対象が何なのかが直ちに明らかになる、とフレーゲはみなしているのである。

後に定式化される「算術の基本法則V」には、まさにこの点が示されている。「任意の概念F、Gについて、Fの外延とGの外延が同一であるということは、すべての対象xについて$F(x)=G(x)$であることと同値である」。ここで定式化されている内容は、概念の内容において等しいものは常に同じ外延をもつということにほかならない。フレーゲの「算術の基本法則V」は、概念の内包と外延を同列に置き、概念として「語られるもの」から具体的な対象との関係を導くものになっているのだ。

しかし、まさにこうして概念の内包と外延を同列に置くことが、ラッセルのパラドックスを引き起こすことになる。「自分自身を要素としてもたない集合の集合」は自分自身を要素としてもつか。ラッセル集合は、集合の定義に関わる記述（＝「自分自身を要素としてもたない集合」を集めたもの）が実際にどの要素を含みもつか（＝外延）という問題を直結させているからこそ、パラドックスを引き起こすものになっている。集合の内包として「語られたもの」が直ちに集合の外延を確定させると考えることが、ラッセルのパラドックスが問題にした点だったのである。

このように考えれば、ラッセルのパラドックスが嘘つきパラドックスとまったく同様の構造を示すものであることが理解できるだろう。嘘つきパラドックスが、語られるもの＝言表内容の次元と、その意味を規定する言表行為の次元との不一致の一致の構造を示すものだったのに対して、ラッセルのパラドックスは、概念の内包＝「語られたもの」とその外延との間の位相差を暴くものとして理解できる。内包として「語られたもの」は、それ自体は単にそのように語られるだけで、語られる内容に即して直ちに具体的な対象を囲い込むものではない。「語られたもの」が実際に具体的な対象を囲い込むためには、これまでわれわれが見てきたところによれば、「クッションの綴じ目」のような機能が別様に働いている必要がある。嘘つきパラドックスに対するラカンの解法は、それゆえそのままラッセルのパラドックスを解くものになっているのである。

だが、この論点は、トポロジーとつなげられることで、ラカン理論の発展を標すものにもなっている。ラッセルのパラドックスに対するラカンの解法を、節をあらためて見ることにしよう。

3　ラカンのトポロジー論の射程

ラカンによるラッセルのパラドックスの解法

ラッセルのパラドックスに関して、ラカンは次のように語っている。

これ〔ラッセルのパラドックス〕は、次のような条件を加えることで簡単に解決します。それは形式論者あるいは論理学者が与えるような解答です。すなわち、自分自身を含むような集合は、自分自身を含まない集合と同じようには語れない、ということです。言い換えるなら、それらを集合の定義から外してしまうのです。その結果、自分自身を含む集合は、集合とはみなされなくなります。私としては、このような、内に含まれる対象の領域〔「Aかつ$\overline{\text{A}}$」であるような領域〕は現代論理学の構築において集合と同様に考えることができる、といいたいところです。（S-IX,

1962.4.11)

ラカンは、ここで明示的にラッセルやツェルメロの解法を指示している。集合を自己言及しないものとして定義すれば、そもそもラッセルのパラドックスは起こらない。しかし、ラカンはそれを踏まえてなお、矛盾を含む集合を「集合と同様に考えることができる」という。ラッセルのパラドックスが示す矛盾の領域、すなわち「Aかつ¬Aであるような領域」は、単に回避するべきものではなく、それ自身、定義可能なものだ、とラカンはいうのである。だが、それはどのようにして可能なのだろうか。テクストの続きを引こう。

> この〔RがAかつ¬Aであるような〕内的な領域は、内8の字によって定義可能です。この内8の字は、重ね合わせ、あるいは二重化というものによって作られますが、二重化は、クラスや関係、自己言及的な第二の審級における命題の重ね合わせの中で起こります。(ibid.)

ラカンはラッセル集合の概念図を描き、矛盾的自己言及の領域を図10のような内8の字によって示す。ラッセル集合とは「自分自身を要素としてもたない集合の集合」だったわけだから、そこに含まれる要素は「自分自身を要素としてもたない集合」であるはずである。それゆえ、内8の字で囲まれる円の広い部分には「自分自身を要素としてもたない集合」(=¬A集合)が含まれることになる。ラカンの図のとおりである。しかし、「自分自身を要素としてもたない集合」を囲い込もうとする線

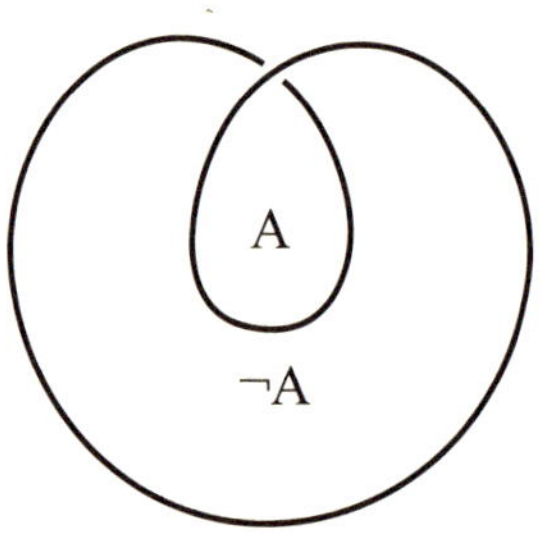

A：自分自身を要素としてもつ集合
¬A：自分自身を要素としてもたない集合

図10

は、同時に「自分自身を要素としてもつ集合」もまた内に含むことになる。ラッセル集合とは、先に見たように、自ら自身をその要素としてもつ集合（＝A集合）でもあった。それゆえ、ラッセル集合の概念円は「Aかつ¬A」であるような部分を含んだ内8の字として描かれる、とラカンはいうのである。

しかし、このような図を描くことに、どんな意味があるのだろうか。それは集合の包含関係を示す通常の概念円との関係を考えると明らかになる。集合の包含関係は一般に「オイラー図」と呼ばれるものによって描かれる。例えば、「人間」という集合を画するオイラー図を考えよう。「人間」のオイラー図は、まずは単なる円によって「人間」を内に囲い込む。しかし、そこで「人間」を囲うだけでは何の意味もないことを見る必要がある。それが同時に「人間ではないもの」を画すものでないとしたら、そもそも「人間」の領域は際立たない。だが、少し考えてみれば明らかであるが、その「人間ではないもの」は、ひとつの円を描くだけでは示せない。ラカンがいうように、「否定が論理学において有用で確証された意味をもちうるためには、どの集合に対してそれが否定されるのかを知らなければならない」(ibid.)のである。すなわち、「……ではない」というためには、それが何に対する否定であるかをあらかじめ確定する必要がある。「人間ではない」というためには、それゆえ例えば「動物全体」なるものを想定する必要があることになる。しかしまた、その「動物」の意味を確定するためには、また別の概念との比較が不可欠になるだろう。オイラー図において何らかの概念円の領域が画されるためには、何らかの全体があらかじめ前提とされている必要があるのである。

また、オイラー図が集合の外延の関係を示すものであることにも注意しておく必要がある。ラカンが指摘するように、オイラー図は単なる概念図以上に世界の実在を画するものとみなされていた（cf. ibid.）。内包によって定義される集合は、オイラー図に記されることにおいて、それに対応した外延をもつものと考えられている。オイラー図によって問われているのは外延の関係であり、内包において「語られたもの」がそれに対応した対象をもつことが、そこですでに前提にされているのである。だが、「人間」という単なるシニフィアンは、それ自身においては何も意味しない。「人間」というシニフィアンが意味をなすためには、単に他のシニフィアンとの関係を規定するだけでなく、何らかの全体を想定した上で、それを否定する必要があった。集合の包含関係をオイラー図によって示すだけでは、その関係がどのような前提の上に可能になるものかがわからないのである。

ラカンは、しかしオイラー図を「トーラス」と呼ばれる位相幾何学の構造体の上に描くことで、この問題を解決しようとする。「シニフィアンというものは、自分自身を意味するものとして用いられるかぎり、自分自身との差異としてしか示されない」（ibid.）。トーラス上に描かれるオイラー図は、シニフィアンのそうした性質を明確に示すことができる。

トーラス上に概念円を描くというのは、どういうことだろうか。さしあたり考えられる描き方は、次の三通りである（これは後に拡張される）。すなわち、曲面の一部を切り取るように描く方法（1）と、トーラス内部の空洞に向かって一周するように描く方法（2）、空洞を取り囲むように円を描く方法（3）である（cf. ibid.)。

このうち、1の円（図11）は、それ自身において特定の領域を囲い込むことができない。位相幾何学における構造体はその性質を維持したものはすべて同位体とみなされるが、1の円は構造上、点と区別することができない。つまり、この種類の円は、それだけではトーラス上に何らかの領域を画すことはできないのである。仮にこれがひとつのシニフィアンであったとしても、それは安定したシニフィエをもつことはできないのだ。

では、2の円（図12）、3の円（図13）はどうだろうか。これら二つの円は、1の円のように点に回収されない。位相幾何学では、この二つの方向への囲い込みの数を数値化して、2：(1, 0)、3：(0, 1）と書くが、それらは数値によって固有の構造をなすとみなされる。つまり、2は空虚な穴に向か

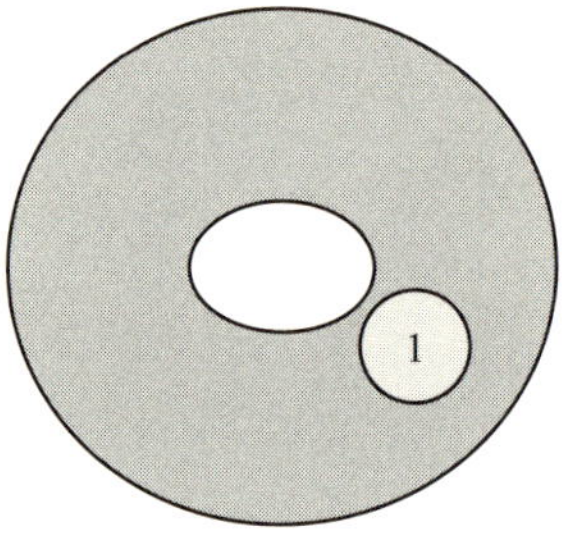

図11　1の円

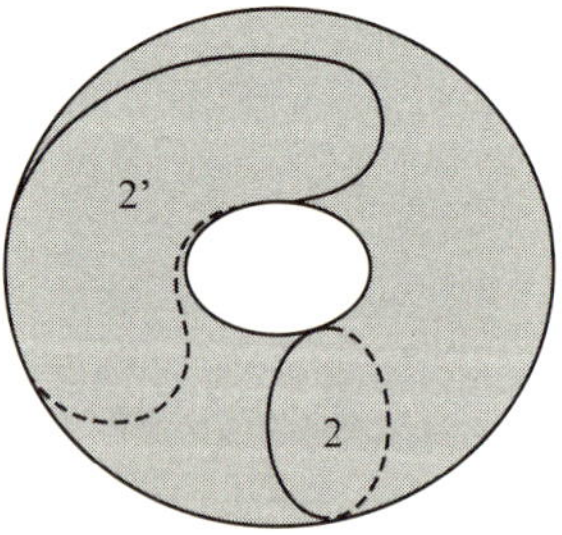

図12　2の円

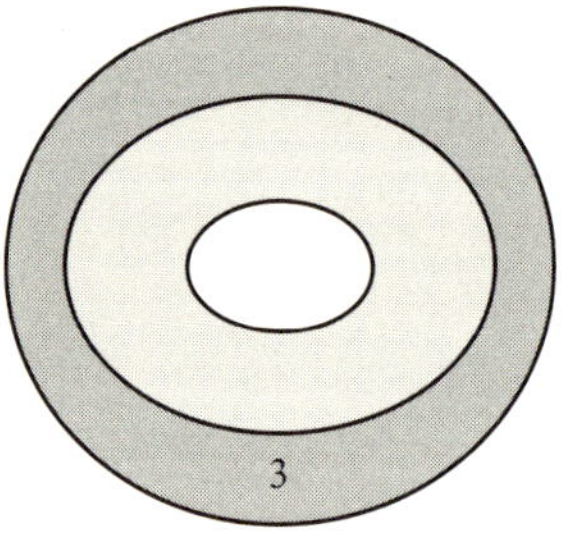

図13　3の円

って一度回転する円として、3は空虚な穴のまわりを一回転する円として、それぞれ描き方はさまざまでありうるが、それぞれ同一の円とみなされるのである。

しかし、実際のところ、2の円も3の円も、それによってトーラス上に固有の領域を画することに失敗している。例えば、3の円の内側に集合Aが示す領域が画されると考えてみよう。しかし、その外側である¬Aは、ドーナツ状にふくらんだトーラスの縁をたどっていけば、そのまま内側、すなわちAの領域に連続している。「この3はトーラス上に形をもたらしますが、その形は単に直観的にしか差異を示しません。それは構造的な観点からすれば、まったくもって本質的に同じなのです」(ibid.)。3によって描かれる円は、Aかつ¬Aである領域を囲い込むだけである。2もまた同様であることはいうまでもない。そこでは、ひとつのシニフィアンが与えられただけでは固有の領域を示しえないのである。

それゆえ、何らかの領域が画されるには、少なくとも二つのシニフィアンが必要であることになる。シニフィアンが二つあれば、互いに「……ではない」と規定し合う領域が画されうるからである。先ほどの3:(0, 1)の円を二つ、互いに重なり合うように描いてみよう(図14)。それらの円は、互いに否定し合うことで、それぞれに固有の領域を画すことができる。そこで、Aに固有の領域は、Aの円自体で画されるのではなく、Aの内の「Bではない」ものとして示される。そうでなければトーラス上の表面で内側と外側が連続してしまうからである。同様に、B固有の領域は「Aではない」ものとして初めて規定される。それぞれのシニフィアンが指し示す固有の領域は、互いが互いを否定することで画されるのである。

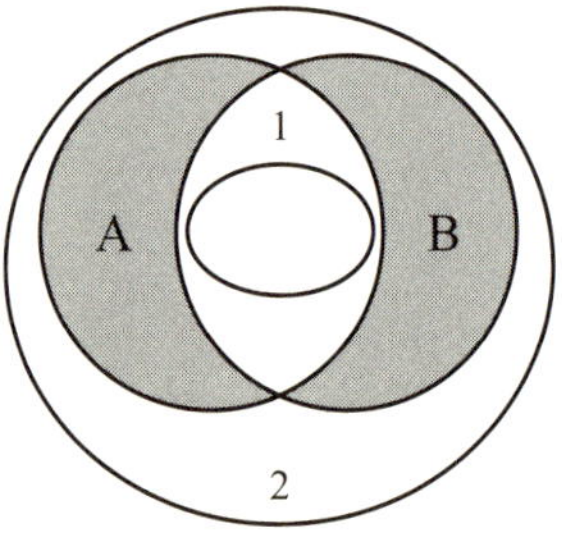

図14

では、このときAとBに固有の領域以外はどうなっているだろうか。AとBの重なり合いの部分、すなわち「AかつB」（図14中の1）は、「AでもBでもある」領域を示している。だが、よく見るとわかるように、トーラス上でこれは「¬Aかつ¬B」（図14中の2）の領域と連続している。すなわち、「AでもBでもある」は「AでもBでもない」と同一の領域を画していることになるのである。

このことは何を示しているのだろうか。AもBも、自分が囲い込む領域から「AかつB」の領域を排除することで初めて固有の領域を画している。「AかつB」は同時に「¬Aかつ¬B」である「矛盾」の領域である。AもBも、その矛盾の領域を内に囲い込み、かつそれを内的に排除することで初めて自らに固有の領域を画しているのである。

そこで、トーラス上に3：(0, 1)の円の数を増やしていくことにしよう。鎖状に増えていくシニフィアンは、そこで互いの差異によって固有の領域を画すことになる。厳密にいえば、位相幾何学上これらの円がトーラス上に固有の領域を維持するには、用いられる円は(0, 1)ではなく(1, 1)である必要があるのだが、ここでは割愛する。[7] ともあれ、こうして鎖をなして増えていくシニフィアンのすべてが、最初の二つと同様に重なり合いの部分を内的に排除することによって意味をなすことを見る必要がある。それらすべてのシニフィアンは、空虚な穴の領域において「Aかつ¬A」の領域を共有し、かつ自らの外に置いている。そして、そのことで自らに固有の領域を画しているのである。

トーラス上に描かれるオイラー図は、こうしてシニフィアン同士の差異が空虚な中心を共有することで意味をなす構造を示すことになる。シニフィアンがそこで意味をもつような「全体」をあらかじめ前提にせず、シニフィアン同士の差異のうちに意味が示される構造が、そこに見られることになる。そして、まさにその点が、ラカンの集合論がもつ優位性だといえるだろう。

先に見たように、フレーゲは概念に属する対象を確定するために、概念の外延と内包を同列に置く集合論を導入せざるをえなかった。フレーゲはそこで「言葉の意味（Bedeutung）は、命題という脈絡の中で問われなければならず、言葉を孤立させて問うてはいけない」という自身の「文脈原理」から離れて、別の戦略をとらざるをえなかった。そして、まさにその点がラッセルのパラドックスを呼び込む契機となった。

しかし、ラカンの「集合論」は、概念がその外延を確定する過程を含めた構造を記述する点で優れている。そして、その優位性は「ラッセル集合」自体をオイラー図として書くことを可能にするのである。

先ほどの内8の字のオイラー図をトーラス上に描いてみよう。「自分自身を要素としてもたない集合の集合」を示す概念図は、その否定的な自己言及によって、矛盾する領域を囲い込むことになる。しかし、その矛盾の領域「Aかつ¬A」は、それ自身では意味をもたないシニフィアンが意味をなすために不可欠なものなのであった。「Aかつ¬A」の領域の囲い込みは、しかし通常の集合においては内的に排除され、前景に出ることはない。Aに固有の領域は、「Aかつ¬A」の領域を内的に排除して初めて「そうではないもの」として示されるものであるにもかかわらず、それが確定されるや否や、自らの成立条件を見えなくさせるのである。ラッセル集合は、しかし集合が「集合」として成立するために不可欠な「Aかつ¬A」の領域を否定的な自己言及によって定義に含むことにおいて、その構造自体を明示化している。ラッセルのパラドックスはつまり、嘘つきパラドックスとまったく同様に、集合の内包と外延の間にある論理的な乖離をそれとして示すものになっているのである。ラッセルのパラドックスとは、それゆえ決して回避されるべきものではなく、むしろ「集合」というべきものの成立条件を示すものになっているのである。

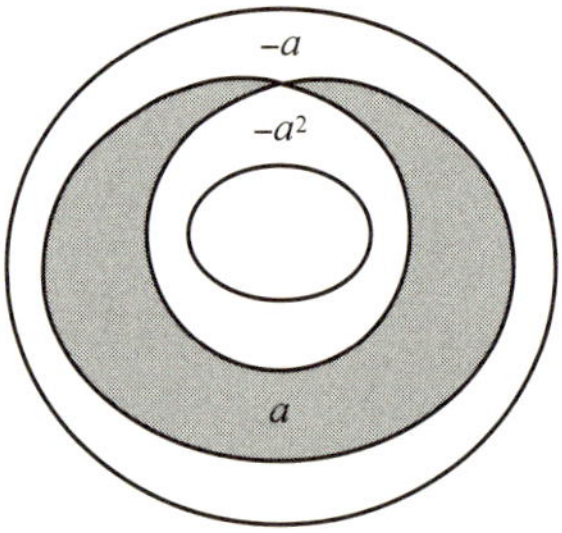

図15

欲動の対象「a」

ここで、ラッセル集合のオイラー図の領域の重なり合いを代数で記述してみよう。Aに含まれることを「a」、¬Aに含まれることを「$-a$」と書けば、「Aかつ¬A」は「$-a^2$」となる（図15）。そこに含まれる要素の実体性を求めて「Aかつ¬A」の重なりを解いてみても、そこで得られるものは「$\sqrt{-a^2}$」、すなわち「ai」（iは虚数）となるだろう。「否定が還元不可能であることがわかるでしょう。肯定と否定があるとき、否定の肯定も、肯定の否定も、ともに否定を示します。$-a^2$という定式のうちにそれが示されているのがわかります。この産出物の根（ルート）として、$\sqrt{-1}$が不可避的に現れるのです。そこでは、単なるaの現前や不在が問題になっているのではありません。その二つの接合、対が問題になっているのです」(S-IX, 1962.1.24)。それ自身では意味をもたないシニフィアンは、「象徴的なもの」の中で内的に排除される「虚」としての「a」のまわりをめぐることで意味を見出す、というわけだ。

このように、すべてのシニフィアンの意味の確定において内的に排除されるものを、前章でわれわれは「想像的ファルス」と呼んでいた［↓一二〇頁］。それは常に「欠如」として見出されるが、それによって初めて、空虚なシニフィアンに意味がもたらされたのだ。「a」はしかし、「想像的ファルス」とまったく同じものではない。「a」はむしろ、その後のラカンの理論において、「想像的ファルス」を含めた欲動の対象一般を指すものとして位置づけられることになる。「a」という代数表記は、構造に応じてそのつど内容を変える対象のあり方を示すのに適しているといえよう。その後のラカンの理論において「対象a」と呼ばれるものは、「乳房」、「糞便」、「ファルス」といったものがそのつど「代入」される欲動の対象として位置づけられるのである。欲動の対象の一般化は、必ずしもエディプス・コンプレックスに回収されない多様な構造化の可能性を考える上でも非常に重要な意味をもつことになる。

第五章

実践論

革命について：1963～70年

1　「性」の精神分析

「破門」からの再出発

一九六三年末、ラカンは国際精神分析協会（ＩＰＡ）から教育分析の資格を剝奪される。その理由は、再三の勧告にもかかわらず、ＩＰＡが定める分析のセッションの時間を守らなかった、というものだった。六二歳になっていた当時のラカンは、フランスにおける数多くの分析家の教育分析を引き受け、精神分析の実践の分野で大きな影響力をもつに至っていた。多くの分析を次々にこなさなければならなかったラカンにとって、短時間で分析を切り上げることは、一方で単に生活経済上の必要によるものだったかもしれない。だが、同時にそれはラカンの精神分析の理論的要請に基づくものでもあった。ラカンにとって、精神分析のセッション中の「時間」は、時計の針を尺度として測られるものではなく、「論理的時間」の成熟と考えられていた。単に形式的に定められた時間を守るよりも、その中で展開されるセッションの内実が重視されたのだ。

ラカンはＩＰＡ幹部と面談して理論的な説明を試みたが、その正当性は認められなかった。結局、ラカンは資格剝奪の勧告を受ける。ラカンにとって、フロイトに基づく「正統」な精神分析を保証するＩＰＡの枠組みで教育分析をすることは、自らの理論と実践、および生活と政治の基盤になっていた。毎年行っていたセミネールは、彼の理論の発展を示すものであると同時に、参加者の教育分析を企図したものでもあり、数多くの教育分析を引き受けることがフランスの精神分析界におけるラカンの立場を高めるものでもあったのだ。

それゆえ、さまざまな意味で活動の要になっていた教育分析の資格を奪われることは、ラカンにとって非常に大きな喪失だったと想像される。ルディネスコの伝記は、多少なりとも物語化された記述で当時のラカンの錯乱ぶりを伝えている。ラカンは弟子たちを「裏切り者」と罵《ののし》り、精神安定剤による自殺まで試みたといわれる（ルディネスコ、三二七参照）。実際、ラカンはジャン・ラプランシュやジャン＝ベルトラン・ポンタリスといった初期の優秀な弟子たちと袂《たもと》を分かち、ＩＰＡから脱会することになる。

だが、ラカンは、そうした喪失の過程のただなかで、新しい希望を見出してもいた。ラカンの理論に期待を寄せる論文を雑誌に寄稿したルイ・アルチュセール（一九一八―九〇年）に手紙を書き、エコール・ノルマル（高等師範学校）の教え子たちを紹介してもらえるよう依頼をする。そのとき紹介された学生の一人が、後にラカンの義理の息子となるジャック＝アラン・ミレールであった。当時一九歳だったミレールの早熟は、失意にあったラカンの希望となった。ラカンはほとんど手放しでミレールを賞賛し、新たに自らの学派を創設する際の実務的かつ精神的な拠り所とした。

サンタンヌ病院で続けてきたセミネールの開催が困難になったラカンは、レヴィ＝ストロースやアルチュセールを頼ってエコール・ノルマルの講堂で新たな出発を画することになる。精神分析の専門家だけでなく、一般の人々にも開かれたラカンのセミネールは、多くの聴衆を集めて広い関心のもとで聴かれることになった。「精神分析の四基本概念」を主題にしたその年のセミネールは、ラカン自身が自らの理論を集約し、語り直そうとするものとなる。

ラカン理論の「転回点」

現在刊行が許されているラカンのセミネールは、娘婿のミレールによって監修されたものに限られているが、二〇年以上にわたるさまざまなセミネールのうち、いちばん最初に出版されたのが、この年のセミネールであった（出版は一九七三年）。「本を書くこと」について何重にも構えた態度をとり続けたラカンが、セミネールの刊行については比較的寛容な態度をとっていることも、あるいはミレールとの関係が影響を与えているのかもしれない。「こうして読まれたものは、書かれたものではなく、ひとつの転写というべきものだ。私はこの転写という言葉をジャック゠アラン・ミレールの謙虚さのおかげで教えられた」（S-XI, 309／三七五）といいながら、ラカンは話されたものの「転写」という資格でセミネールの出版を許している。セミネール第XI巻『精神分析の四基本概念』は、そうした意味でラカンとミレールの出会いを記念するものとなっている。

ミレールによれば、この年のセミネールから、それまでのラカンとは異なる「もう一人のラカン」が現れているとされる。「隠喩」と「換喩」によるシニフィアン連鎖を基礎にして語られていたラカンの理論は、第XI巻以降、「疎外」と「分離」という概念対を主題とするようになる、とミレールはいう。ミレールは隠喩と換喩を強調して哲学や文学に応用されるラカンを批判し、「性」を扱う理論として位置づけ直そうとする。

なぜラカンを読み、フロイトを解読することを学んだ哲学者や文学者たちは、かくも換喩をもてはやしたのでしょう。はっきりいうと、彼らはラカンをもとに換喩を使って欲望を非性化する手段を見出したのです。

そうです、ラカンは新しいユング、シニフィアンのユングに仕立てられたのです。（Miller, 55）

実際、ラカンはセミネール第XI巻において、ユングを批判する中で自らの理論の新しい側面を見出そうとしているところがある。ラカンは、フロイトが性的なものとみなした「リビード」の概念から性の側面を取り除き、純粋なエネルギーのようなものと考えたユングを批判し、自らの理論との差異化をはかろうとしている（cf. S-XI, 140／二〇〇）。「精神分析が性に関わるのは、性が欲動という形態でシニフィアン連鎖の中に現れるからであり、そこにおいて疎外と分離という二重化された時の中で主体の弁証法が構成されるかぎりにおいてです」（S-XI, 296／三五九）。ここでラカンが性に関わる精神分析の理論を「疎外」と「分離」という概念で説明していることは確かである。では、それは具体的にはどのようなものだったのだろうか。まずはミレールが「もう一人のラカン」をそこに見たラカンのテクストを見ていくことにしたい。だが、それらの論点は、結果として、ミレールが期するほどには第XI巻を特権化するものではないようにも思われる。本章の課題は、ラカンの精神分析が実践において果たした機能をとりわけミレールとの関わりの中で見た後、ラカンのテクスト自体の実践可能性を検討することである。

「疎外」とは何か

まずは「疎外」という概念から検討していくことにしよう。

第一章で見たように、「疎外」という概念自体は最初期のラカンにおいてすでに用いられている〔↓五〇頁〕。鏡像段階論のラカンは、「寸断された身体」が他者のイメージへと統合されることを「疎外」と表現していた。「寸断された身体から全体的形態へと整形外科的とでも呼びうるような仕方で移行」し、心的装置が鏡像としての自己に同一化するとき、そこには「疎外する自己同一性の鎧によって精神の発達のすべてを覆うような硬直した構造が刻み込まれることになる」(E, 97)といわれていた。シニフィアンの理論を取り入れる前、鏡像段階論において、すでにラカンは「疎外」という概念を示していたのである。

だが、セミネール第XI巻における疎外は、「アファニシス(aphanisis)」または「消失(fading)」(S-XI, 232/二七七)という概念との関連で語られる点で、最初期の疎外と異なっている。では、そこでの新しい論点とはどのようなものだろうか。

アファニシスは、もともとアーネスト・ジョーンズが女性の欲望を論じる場面で、去勢不安よりも根源的なものとして提案したものだった。そこでジョーンズはアファニシスを「性的享楽の能力と機会の完全かつ永遠な消失」を意味するもの、としている。ラカンは、すでにセミネール第IV巻でジョーンズを参照し、「こうして彼〔ジョーンズ〕は、われわれと同じ区分に達したのです」(S-IV, 217/(下)二八)と語っている。ラカンによれば、ジョーンズはエディプス・コンプレックスを経て主体が去勢されるに至る過程の中心に「剥奪」を置き、そのことを「違約＝フラストレーション」と呼ばれる現象に重ねて論じているとされる。すなわち、「去勢」、「剝奪」、「違約」という欠如の系列を語ることにおいて、ジョーンズはセミネール第Ⅳ巻でラカンが展開した議論と「同じ区分に達した」といわれるのである。その内容は、すでに本書の第三章2節で確認した［↓一〇〇頁］。欲動の対象の探求の過程において、「欠如」の様態は「想像的違約」、「現実的剝奪」、「象徴的去勢」という三つの段階を経る、といわれていたのである。すなわち、ジョーンズの「アファニシス」という概念は、ラカンの文脈において、こうしたエディプス・コンプレックスの「正常」な論理的過程を経て去勢へと至る道筋を記述するものとみなされていることがわかる。

疎外がそのアファニシスとの関係で語られるとき、どのようなことが含意されているのだろうか。最初期のラカンの疎外が「自己同一性の鎧」によって「寸断された身体」、すなわち単に「生命＝欲望」の状態にあった存在に斜線が引かれることだったとすれば、セミネール第Ⅺ巻の疎外は、アファニシスとの関係において語られる点で、最初の喪失を経て去勢に至るまでの一連の過程を含めたものを示していると考えられる。両者は「斜線を引かれた無意識の主体（$\$$）」を生起させるという点では同じだが、後者はそこに三つの欠如の様態の展開を含んでいるのである。アファニシスについてのラカンの分析はセミネール第Ⅳ巻によるが、疎外を欲動の道行きと関係づけている点で、新たな可能性を示していると考えることができるだろう。「性に関わる精神分析」を語る「もう一人のラカン」が見出せるとすれば、その点だと考えられる。では、そのときの「性に関わる精神分析」の内実とは、どのようなものだろうか。

「性」は大他者からもたらされる

セミネール第XI巻において、ラカンはユングを意識しながら、自らの理論が性的な事柄を扱っていることを強調する。「無意識はランガージュとして構造化されている」というラカンの定式は、そもそも言語に依拠して無意識のあり方を語ることにおいて、フロイトが強調した性欲動の機能を過小評価していると批判される余地があった。心的装置の構造をシニフィアンによって示すことは、性的なものとして語られていたフロイトのリビード概念の含みを十分に汲めていない、とみなすこともできるからである。実際、ラカンはリビード概念を中性化したことでユングを強く批判するものの、その批判の根拠としては、ユングの「元型論」の危うさを挙げるにとどまっている（cf. S-XI, 140／二〇〇）。しかし、リビード概念の中性化は元型論と同値ではない。元型論をとらないリビード概念の中性化が実際に可能である（そして、ラカンの理論がそのひとつの可能性でありうる）かぎり、元型論を根拠とするラカンの批判が、なぜあえてリビード概念の中性化を標的とするのかを説明できないのである。ユングを批判するラカンは、むしろそこで自身に向けられた批判を意識しているように思われる。だが、そのような「批判」を経てラカンが示す性の理論は、むしろ「性」として語られる事柄をシニフィアンの構造に帰するものになっている。

ラカンは性を考える上での重要な契機として「性的分割」を挙げる（cf. S-XI, 118／一九七）。性的分割とは、すなわち「男性」と「女性」という性に分かれることを意味する。男性と女性に分かれるということが、性的に互いに惹かれ合うことの条件になっている、とラカンはいうのだ。このような語り方自体、ラカンが非常に素朴な性についての見方をもっているとミスリードする可能性を含んでいるが、もちろんそうではない。ラカンの主張は、むしろ「男性」や「女性」といったものは「象徴的なもの」の中に自己が位置づけられることで割り与えられるものにすぎない、ということである。この点については、例として挙げられるダフニスとクロエがわかりやすい。山羊や羊によって育てられたダフニスとクロエは、互いに対する性愛的な感情を、老婆の言葉を媒介にして初めて獲得するのであった。ダフニスが「男」としてクロエを性的な対象とみなし、クロエが「女」としてダフニスに興味をもつためには、それを言語の秩序の中で意味づける老婆の存在が不可欠だ、とラカンはいうのである。「精神活動［psychisme］において、主体が自らを男や女として位置づけるようにしてくれるものは何もありません。／主体はその精神活動において男女を単に等価なものとして位置づけます」（S-XI, 186／二七二）。「無垢な者」の欲動の道行きに老婆＝大他者が介入することで初めて、彼らは「男／女」として互いを求めることができる、とラカンはいうのだ。

　だが、こうして「性」と呼ばれる事柄をあくまでシニフィアンの構造に依拠するものとするなら、フロイトの性欲動との関わりはどうなるのだろうか。性が「象徴的なもの」によるのなら、フロイトが「リビード」と呼んだものは、結局ラカンにおいては「中性化」されていることになるのではないか。

　しかし、本論でも見たように、ラカンの議論はそもそも欲動概念に大きく依拠して構築されていた。ラカンは、フロイトが基本概念として措定した欲動に即して、エディプス・コンプレックスの過程自体を練り直したのである。だとすれば、性についてラカンが自らの立ち位置を示すために必要なことは、ラカンにおける欲動と性欲動との関わりを明らかにすることだろう。ラカンにおける欲動概念はリビードとどのような関係にあるのか。その点を確認するには、ラカンが「死の欲動」をどのように扱っているかを見る必要がある。

「あらゆる欲動は死の欲動である」

フロイトにおいて「死の欲動」は、形而上学的な含みをもって語られる概念であった。フロイトは自ら「思弁的な議論」に足を踏み入れていることを自覚しながら、次のような議論を展開した。すなわち、有性生殖を行い、他の性を欲望する生命体は、自らのうちに本質的な欠如を抱えている。プラトンの『饗宴』で語られるアリストパネスのアンドロギュノス（両性具有）の神話を例にして、ラカンは自らの半身を求めてさまよう欲動を語る。両性具有の完全体から分かれた「男／女」は、欠如を埋めるために他の性を求めるのである。欠如を埋めるために他を求める欲動がリビードだとすれば、欠如の根源的な消失を希求する欲動が死の欲動である。「あらゆる欲動はより以前のものに立ち返ろうとする」（Freud XIII, 39）が、その「保守的な欲動」は性が分化する以前の状態への回帰、すなわち死を目指すとされるのである。フロイトはこうして欠如を解消しようとすることにおいて、より根源的な死の欲動を「あらゆる欲動」の根底にあるものとみなしたのである。

こうしたフロイトの議論を受けて、ラカンもまた「欲動、すなわち部分欲動は本質的に〔foncièrement〕死の欲動である」（S-XI, 187／二七四）とする。ラカンはフロイトの議論をほぼそのままなぞりながら、「欠如」の根源的な解消を求める死の欲動を、すべての欲動の根底にあるものとみなすのである（cf. ibid.）。

だが、ラカンにおいて死の欲動は形而上学とは無縁のものになっている。それは、まさにラカンの議論が、直前に本論で確認したこと、つまり「性的分割」は「象徴的なもの」の介入によって初めて成立するという前提で語られるものだからである。回顧的に「完全体」とみなされる状態から、ひとは「男／女」に分割され、自らのうちに欠如を抱える。しかし、それはラカンにおいては、象徴的な秩序のうちに疎外されるからにほかならない。フロイトがいうようにリビードが「半身」に規定されたままの状態で欠如の補塡を求めるものだとすれば、それはラカンにおいては「象徴的なもの」にとらわれたまま、その枠組みの中で欠如の補塡を追求するものを意味することになる。

すなわち、フロイトがアリストパネスの神話として示したことは、ラカンにおいては、象徴的秩序の中で「失われた対象」を求める「要求」として語られるものになるのである。[1] 他の性への愛は「象徴的なもの」において去勢されることで成立する。それに対して、欲動は満足の達成のために構造自体を変える契機をもっているのである。

フロイトにおける「死の欲動」が、すでに構築された構造を破壊して「より以前のものに立ち返ろうとする」ものだとすれば、ラカンにおける欲動は、まさにそのようなものだといえる。それゆえ、ラカンにおいては、まさにフロイトがいうように「あらゆる欲動は死の欲動である」といわれることになるのである。なぜなら、欲動は満足を求めて構造自体を変えていくものであったからだ。象徴的な秩序の中に欠如を抱えるものが、その構造に規定された自己の存在が消去されることを厭わず、欠如の根本的な消失を求めること――フロイトが死の欲動に与えた定義は、そのままラカンがフロイトの欲動概念に見出したものだった。われわれは性の枠組みの中で他を求めることにおいて、常に構造の改変を辞さずに欠如の根源的な解消を求めているのだ。

「箔片」としてのリビード

このように考えるなら、リビード概念に与えたラカンの特異な説明も理解可能になる。「あらゆる欲動は死の欲動である」とするラカンの議論においては、フロイトがリビードに与えた規定をそのままに用いることはもはやできない。フロイトにおけるリビード概念は、ラカンにとっては、死の欲動を踏まえた観点から定義し直さなければならないものになるのである。

ラカンはリビードを「ある生物が有性生殖のサイクルに従っているという事実によって、その生物からなくなってしまうもの」(S-XI, 180／二六三―二六四)とする。リビードという概念が他を求める性欲動を意味するとすれば、ラカンのこの言い方は一見奇妙である。性欲動は、まさに「有性生殖のサイクルに従う」中で機能するものと考えられるからである。しかし、「有性生殖のサイクルに従う」ことがシニフィアンの秩序の中に生きることを指すとすれば、このラカンの語りには別様の意味が見出される。すなわち、リビードはシニフィアンの秩序に従うことにおいて外部に排斥されるものを意味することになるのである。これは、一周まわってフロイトがリビードに与えた定義に合致することになる。現実原理に適合せず、無意識へと抑圧されるものが、フロイトにおいても「リビード」と呼ばれるものだった。

しかし、ラカンがそこでリビード概念に割りあてる機能は、むしろ死の欲動に準拠するものになっている。ラカンの語るところを見てみよう。リビードには「箔片(lamelle)」あるいは「オムレット

(hommelette)」というイメージが与えられる。アリストファネスにおける両性具有の球体が割られることでオムレットができるといわれる。それは、まだ人間になりきっていない「人間もどき(hommelette)」であると同時に、クレープ状に広がるオムレツ(omlette)でもある。「オムレツ」というフランス語は「箔片(lamelle)」を語源にもつが、ここでは薄く広がる膜状のものが想定されていると考えられる。いずれにせよ、このイメージによって与えられるのは、欠如の補塡を求めてさまよう原初生命体の姿である。この「箔片」としてのリビードは、シニフィアンの秩序から排除され、「実在しないという特性をもち」、人間が「静かに眠っている間にやって来て、顔を覆う」(cf. S-XI, 180／二六三)。リビードは「死をもたらす意味(le sens mortifère)」(E, 848)をもっており、「それゆえにこそ、すべての欲動は潜在的に死の欲動なのである」(ibid.)といわれる。ラカンにおけるリビードは、死の欲動に対置されるものではなく、むしろそれ自身において「快原理の彼岸」を含むものとみなされるのである。

「性の精神分析」？

だが、このようなラカンの議論が、それまでと一線を画するような新たな理論であるかといえば、どうだろうか。この議論の枠組み自体は、すでにセミネール第Ⅳ巻で準備されていたものであった。欲動は対象とするものに応じて固有の構造を形成するが、同時に構造自体を変化させるような対象の変化の可能性を内包するものとみなされた。第Ⅳ巻の議論に比べて「口唇期」、「肛門期」についてより立ち入った検討を加えている、と評価することも可能であるが、その主題もまた、第Ⅹ巻からのラカンの継続したテーマであるともいえる。ここでラカンが展開している議論は、少なくとも理論の内容としては、一線を画するまでの事柄を示していないように思われる。

しかし、それでもこの年のセミネールが精神分析の実践において重要な意味をもつものだったことは確かだといわなければならない。この年ラカンが迎えた新しい聴衆は、その後のラカンを新しい方向に導いた。一九六四年六月二一日、この年のセミネールの最終講義の三日前に、ラカンは「パリ・フロイト派」を立ち上げる。「私は、いつも私が精神分析の大義に対してそうであったように、たった一人でこの学派を立ち上げる」。テープに吹き込まれたラカンの声が、その場に集まった八〇名ほどの人々の前に示されたとされる。「破門」後もラカンに従った精神分析家一〇〇名ほどに約三〇名の新しい参加者が加えられ、新しい学派が立ち上がった。ラカンの精神分析は、これ以後、新しい学派における教育分析を中心に展開されることになる。「もう一人のラカン」は、実践的な領域では確かに、この年のセミネールで初めて明確に示されたのである。

2　疎外と分離のトポロジー

だが、その「もう一人のラカン」の実践的な意義は、翻ってそこに「理論的転回点」があったことを記しづける。ラカンのテクストを読むことにおいて、今日なお第XI巻は多くの論者が参照する、ひとつの重要な著作になっているのである。本書の文脈では、「分離」というラカンの概念の検討を残していた。「疎外」と「分離」のトポロジーを見ることで、「分離」というこの後のラカンの学派で重要な意味を与えられる概念の内実を確認することにしよう。

疎外の論理（ヴェル）

ラカンは疎外と分離を対になった論理とみなす。第三章3節で見たような「幻想（$\$\diamond a$）」や「要求と欲動の結合（$\$\diamond D$）」といった記号で各項をつなぐ役割を担う「菱形（◇）」を、ラカンはここで上下の二つに分け、下部の「∨」を疎外、上部の「∧」を分離に対応させて論じる。疎外に割り当てられた「∨」は、記号論理学において、ラテン語の「または（vel）」の頭文字をとって「論理和」を示すために用いられる記号（「∨」）（「または（ヴェル）」）を指す。同様に、分離の「∧」は「かつ」を意味する。これもまた論理学において「∨」を反転させて作られた記号で、「論理積」を示すものとして今日まで用いられている。ラカンは、この「∨」と「∧」を合わせて、ひとつの回路（◇）をなす運動と見るのである。

ラカンは、まず通常の論理学でも認められる二種類の「または」を参照するところから議論を始める。「AまたはB」といわれるとき、選言的にAかBを選び取ることが問題となる場合と、AでもBでもかまわず両者は等価だといわれる場合である。いわゆる「論理和」（後者）と「排他的論理和」（前者）の違いであるが、この二つは同じではない。それは図16に示したオイラー図の重なり合いの違いを見ても明らかだろう。ラカンは、しかしこの二つの用法に加えて「第三の用法」があるという。そして、それが「疎外」の論理を示すものとされるのである。

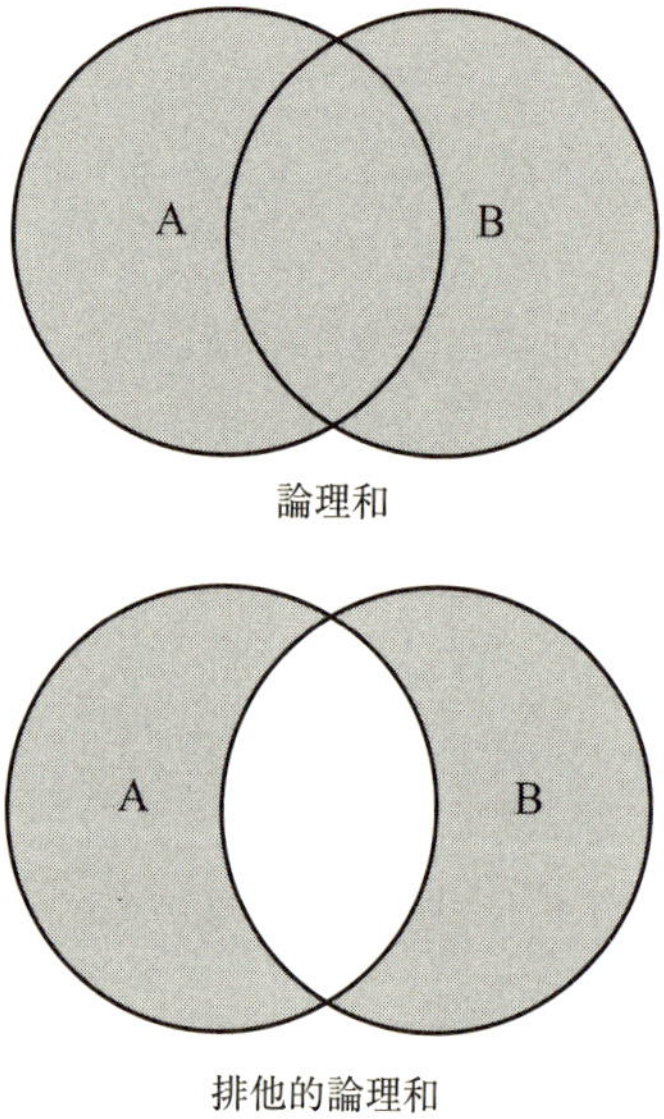

図16

ラカンによれば、疎外の「または（ヴェル）」とは、「AまたはB」のどちらを選んでも「¬Aかつ¬B」を帰結する論理だといわれる。それは「和集合において、どのように選択を試みても「一方でもなく、他方でもない」というところに帰着せざるをえない要素がある」（S-XI, 191／二八二）ような論理である。おそらく、この説明だけでは、この「または」の内実を理解することは困難であろう。ラカンの説明を額面どおりに読むとしても、それがどのような意味で通常の記号論理学と切り結ぶのかを理解することは難しいように思われる。

だが、前章でトポロジーを参照したわれわれは、この議論がセミネール第IX巻で展開されたトーラス上のオイラー図を指していることをすでに知っている〔→一六四頁〕。ラカンはシニフィアンが他のシニフィアンとの差異によってしか意味をもたないことをトーラス上のオイラー図によって示していた。AがAであるためには「¬A」の領域を内的に排除することが必要であることが、そこで示されていたのだ。ラカンがここで参照している「または」は、まさにその論理を示していると考えられる。「AまたはB」という「排他的論理和」をトーラス上に書けば、図17のようになる。このとき「A」は

「AかつB」の部分を引いた残余としてのみ示される。「A」が「A」であるのは、「B」に重なる部分が「A」から排除されることによって成立しているのである。しかし、前章で見たように、「A」から「AかつB」を内的に排除することは、「A」または「B」がそれとして固有の領域を画するための不可欠の条件なのであった。そしてまた、「AかつB」の領域は同時に「¬Aかつ¬B」でもある。図中の1と2、すなわち「AかつB」の領域と「¬Aかつ¬B」の領域はトーラス上で同一の領域を画すことを、われわれはすでに見た。第XI巻における「疎外」の論理が、この議論を踏んだ上に初めて成立するものであることは明らかであろう。「どのように選択を試みても「一方でもなく、他方でもない」というところに帰着せざるをえない要素がある」ような「または（ヴェル）」は、それ自身では意味をなさないシニフィアンが固有の領域を画するための条件を示すとみなされるのである。

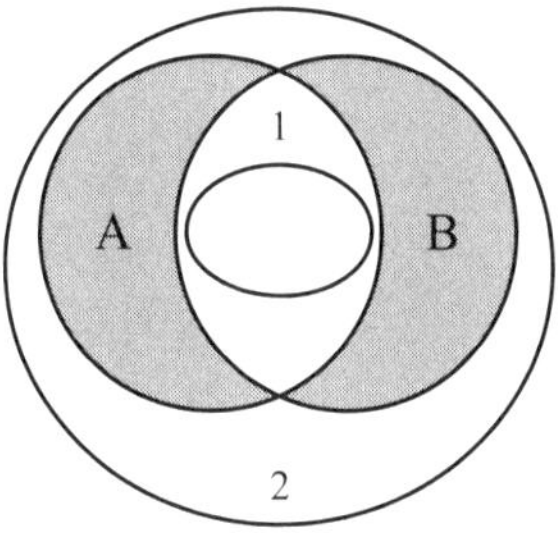

図17

ラカンは、この疎外のヴェルの例として、「存在か、意味か」という「または」を挙げている。大他者のシニフィアンの中に意味を見出そうとする主体は、まさにそのことによって自らの存在を抹消される、といわれる。しかし、共通の知の枠組みの中に自己を見出すためには、その疎外をこうむることは不可欠の条件になっている。「A＝主体」と「B＝大他者」の重なり合いの中に自らの存在を見出そうとする主体は、「AかつB」、すなわち大他者に照らした自らの意味を「¬Aかつ¬B」、つまり主体に抹消線を引いてシニフィアンの秩序から排することによってしか見出しえないのである。

ラカンはまた、この論理をヘーゲルの「主人と奴隷の弁証法」を示すものとしても位置づけている。それは「自由か、命か」（「命が惜しければ隷属せよ」という意味の慣用句）という「または」である。これが「疎外」の論理を示すことは、本書ですでに繰り返し見てきたことに照らせば、説明を待たない。「承認をめぐる闘争」において、「奴隷」は最初にもっていた「生命＝欲望」を放棄することなしに他者の承認を得ることはできないのであった。生きながら自由に享楽することを求める主体は、しかし結局「生命＝欲望」の次元の享楽の断念を通してしか、自らの存在を見出しえない。「自由か、命か」という「または」においても、奴隷はその両方を失うことによってしか自己の意識を確立できないのである。

第XI巻における「疎外」の論理が、その新奇な装いにおいてなお、ラカンのそれまでの理論の枠組みで語られるものであることは明らかだろう。では、「分離」と呼ばれるものはどうだろうか。

「分離」とは何か

疎外が集合の「論理和」によって示されるのに対して、分離は「論理積」、すなわち「AかつB」の領域を示すものとされる。「AかつB」とは、トーラス上のオイラー図において同時に「¬Aかつ¬B」を示していた。意味の成立に不可欠でありながら内的に排除される「Aかつ¬A」の領域は、先に見たように「虚」としての「対象*a*」が見出される場であった。分離とは、その「対象*a*」との出会いにおいて、「疎外のヴェルからの回帰の道」（S-XI, 243／二九四）を示すものといわれることになる。疎外が重なり合いを排除することによって成立するものであるのに対して、分離は内的に排除された「Aかつ¬A」の領域に失われた欲動の対象を見出す機制を指し示すものになっている。「対象 a の機能によって、主体は分離され、疎外の本質をなしている覚束ない存在への束縛から解き放たれます」（S-XI, 286／三四八）。矛盾を内的に排除することで成立していた疎外の構造は、新たに「対象 a」を見出すことで主体を存在の束縛から「分離」する、といわれるのである。

新たな「対象 a」との出会いは、主体の中に「幻想（$\$ \diamond a$）」を生み出すことになるだろう。「幻想（$\$ \diamond a$）」とは、第三章で見たように、心的装置の欲動が「全体」を規定する「想像的父」を召喚するときに現れる現象であった。心的装置は、自らの欲動の満足を求めて、恣意的なシニフィアンの「すべて」を知る者を召喚する。召喚された存在は、そこで心的装置を魅了し、「惚れ込み」の現象を生起させるのである。「対象 a」は、そこで斜線を引かれた主体（$\$$）の欲望との関係において、「幻想（$\$ \diamond a$）」を支える核となる。「Aかつ¬A」の領域は、そうして「大他者の大他者」のありかを示すものとして、心的装置を魅了することになるのである。

精神分析のセッションの中で治療に用いられる「転移」と呼ばれる現象は、このような状態を示している。そこで分析家は「知っていると想定された主体」として現れ、クライアントを魅了する。ラカンがいうように、そこで分析家は「対象 a」として現れていることになるのである。心因性の精神疾患において、クライアントは自らの心的装置の中で構築された構造に苦しんでいるのだとすれば、精神分析家がなすべきは、その構造を変えることだろう。クライアントがその症状を生きうるような構造へと心的装置を導くことが、精神分析で目指されることになる。そのかぎりにおいて、分析家自身が「対象 a」となり、転移のうちにクライアントの「幻想（$\$ \diamond a$）」を引き出すことは、重要な戦

略となりうる。「分離」という概念は、それゆえ精神分析の実践において非常に重要な意味を与えられるものとなるのである。

分離と「パス」

新たに立ち上げたパリ・フロイト派においてラカン派の精神分析家を要請するために導入されたシステムでも、その点は明示化された。国際精神分析協会を「破門」されたラカンが、それまでと同じように教育分析を行っても、協会からの認定は受けられない。ラカンの要請する精神分析は、あくまでラカン派の精神分析家であり、他の精神分析家から区別されるのである。

ラカンは教育分析の方法についても改革を加え、「パス」と呼ばれるシステムを構築した。いかにしてひとは分析家になるのか。パリ・フロイト派を立ち上げた後、ラカンは程なく学派の機関誌『シリセット（*Scilicet*）』の第一号に「学派の精神分析家について一九六七年一〇月九日の提言」（後に『他のエクリ』に収録）を発表する。そこでラカンは、教育分析を経て分析家が生まれる過程（パス）を示した。

ラカン派の精神分析において「分析を受ける者（psychanalysé）」は、単に受動的に分析をこうむる者ではなく、「分析する者＝分析主体（psychanalysant）」とされる（cf. AE, 247）。「分析家（psychanalyst）」は、分析主体に解釈を与える立場に立つのではなく、分析主体が分析の過程を通り抜けるために不可欠な役割を担う者として位置づけられるのである。

分析家は、そこで分析主体にとっての「知っていると想定された主体（sujet supposé savoir）」として現れる（cf. AE, 248）。分析家が知を体現するものとして「対象 a」になることで、転移が引き起こされるのである。分析主体は、失われた対象の探求の中で分析家が何かを知っているとみなし、そのことによって自らをシニフィアンの秩序の束縛から解放するのだ。

しかし、教育分析が完了するには、転移の中で発生した「幻想（$\$ \diamond a$）」が終結し、対象（$a$）が主体（$\$$）から離れるところまでいかなければならない。分析主体が単に分析家に魅了されるだけでは、精神分析家になることはできない。分析主体は、その道を通って新たに自らの構造を自らの能動性において規定し直すことができなければならないのである。ラカンによれば、精神分析が「催眠」から区別されるのは、まさにその点であることになる。

『集団心理学と自我分析』でフロイトがいっていたように、「惚れ込み」とは一種の催眠状態にほかならない。「催眠術師に対するへりくだった従属、従順さ、無批判性は、愛する対象に対するものと同じである」（Freud XIII, 126）。つまり、催眠においては「催眠術師が自我理想に取って代わっている」といえる。そこでは「催眠術師は唯一の対象となっており、それと並んで注意を払われる対象など何もない」状態に陥っている（cf. ibid.）。分析家が「対象 a」として単に分析主体を魅了するだけでは、催眠術師がやっていることと変わりないのである。

しかし、ラカンが指摘するように、歴史的に見ても、精神分析はまさに催眠から自らを区別することによって成立した学問であった（cf. S-XI, 245／三六八）。クライアントの無意識を引き出すために催眠に頼っていたところから自由連想法に移行したことが、精神分析を画する一歩になった。それゆえ、精神分析が精神分析でありうるためには、分析主体に生起した「幻想（$\$ \diamond a$）」は打ち破られね

ばならない。幻想の横断という過程（パス）を経ることで初めて、分析主体は一人の分析家たりうるのである。

セミネール第XI巻のラカンを「もう一人のラカン」として、そこに転回点を見たミレールの企図もまた、その点を強調することにあった。ミレールは、文学や哲学の研究の対象となるような「隠喩・換喩のラカン」に代えて「疎外・分離のラカン」を対置した。ラカンのテクストは、実際の教育分析において疎外と分離を経ることで理解されるのであり、単なるシニフィアンの構造分析ではない。そうすることで、ミレールは精神分析の実践として学派の中に分析家が再生産される構造を重視したのである。

精神分析の実践が、それ自身、代替しえない固有の意味をもつことは確かだろう。しかし、そのことがラカンのテクスト自体を読む契機を排除する機能をもつとすれば、それは批判されなければならない。「法定相続人」としてのミレールのテクスト管理の問題は、ここでは問わない。それは端的に政治的な問題である。本論での問いは、あくまでテクストに立脚したものにとどめたい。しかし、まさにラカンを単にテクストとして読もうとするとき、ミレールが示す「もう一人のラカン」の像が、研究者間の共通認識を超越的に規定する力として現れるのである。その力は、例えば今見た「分離」という概念にも作用している。

先に見たように、ラカンにおいて「分離」は「疎外の本質をなしている意味の束縛から」主体が分離することを示す概念であった。それゆえ、ラカンのテクストによれば（それはミレールが編集したものでもあるが）、「分離」という概念は主体がシニフィアンの秩序の束縛から離れることを意味することになる。

だが、「分離」という概念は、疎外と分離を重視する「もう一人のラカン」において、そしてその後のミレール派の精神分析家たちにとって、そのまま「パス」、つまり幻想の横断を意味するものと理解される。しかし、その読みにはテクスト上の根拠はない。「そうしてラカンは、知っていると想定された者の失墜、つまり対象 a の現れと分離、幻想の横断としての分析の終わりへと導かれたのです」[2]（強調は引用者）、「分析の終わりは幻想の横断と対象の乖離にかかってくるのです」（Miller, 57）。こうした議論に基づいて、ミレール派の精神分析家は「幻想の横断」を「分離」と同一視する。例えば、ブルース・フィンクは「一九六四年以後、分離の観念はラカンの仕事からほぼ消え」ると指摘しながら、その後全面化される「幻想の横断」を「さらなる分離」と表現している[3]。だが、なぜラカンが「分離」という概念を用いていないにもかかわらず、「幻想の横断」を「分離」という言葉で語らなければならないのか。そこにはラカンのテクストを読むこととは別の契機が機能しているように思われる。

「もう一人のラカン」を「パス」との関係で理解するという議論において、「分離」を「パス」と連続した概念とみなすことは、ある種の必然である。学派の設立と教育分析のシステムの整備という実践的な課題を考えれば、「分離」は「パス」を意味するものでなければならない。「分離」を「対象の分離」と理解するミレールは、そのかぎりにおいて一貫した立場をとっているといえよう。

しかし、あくまでラカンのテクストに依拠するかぎり、「分離」は「存在の束縛からの主体の分離」を指す概念だといわざるをえない。少なくともセミネール第XI巻のテクストに「対象が主体から分離する」といわれている箇所を見出すことはできない。「分離」は、ラカンのテクストにおいては、転移のうちに「幻想（$\$ \diamond a$）」が生起することを示すだけで、その「横断」を示すものにはなっていないのである。

こうしたことは、あるいは単に枝葉末節のことかもしれない。セミネール第XI巻のラカンが「幻想からの回帰」について語らなかったわけではなく[4]、学派における「パス」の整備にラカン自身が腐心していたことを考えるなら、「分離」という概念についてラカン自身が「幻想の横断」まで含めて考えていたといっても何の問題もないように思われる。だが、それでもなおテクストの問題は残されると考えたい。テクストの文言を枉《ま》げることは、テクストを読むこと自体の可能性を廃棄する危険をもつ。この点については、本章の最後にあらためて検討することにしよう。その前に見るべきは、ラカン自身が精神分析の実践可能性をどのように考えたか、ということである。

3　構造は街頭に繰り出す――四つのディスクール

一九六八年五月、ラカンの住まいからもそう遠くないパリのカルチエ・ラタンにバリケードが築かれ、一時的な「解放区」が実現する。アルジェリア戦争以後停滞していたフランスに経済成長をもたらしたシャルル・ド・ゴールの政策は、同時に経済格差を生み、体制に反発する労働者や学生たちの団結を促した。「五月革命」と呼ばれる一ヵ月あまりにわたる騒乱は、フランス全土で労働者の二人に一人がゼネストに参加するまでに広がる。第二次世界大戦後生まれの新しい世代の台頭と既存の資本主義的体制への反発が、それ以後しばらく続くフランスの「民主主義的雰囲気」を興《おこ》すことになったといわれる。

その中で半ば戯画化された「構造主義」のレッテルは、ラカンを「保守的知識人」とみなす傾向を生み出した。「構造は街頭に繰り出さない」——一九六八年五月、ソルボンヌの黒板に書かれたといわれるアジテーションの言葉は、少し間を置いた一九六九年二月二二日、ミシェル・フーコーの「作者とは何か？」と題された講演でのリュシアン・ゴルドマンのコメントの中で蒸し返される。そして、ラカンはフーコーに宛てられたはずのそのゴルドマンの批判を引き受けて、その場で反論しているのである。「「構造は街頭に繰り出さない」と書かれたことが的を射ているとは私は少しも思いません。五月革命が何かの出来事を証しているとすれば、それは「構造が街頭に繰り出していった」ということにほかならないからです」。構造の理論的な分析は実際の革命の契機を説明しえないと考える思潮に対するラカンの不満を示すエピソードだといえる。

だが、これは単なるエピソードに終わらなかった。一九六九年一一月から始まるラカンのセミネール『精神分析の裏』（第XVII巻）は、まさにこの問題を主題とすることになる。そして、その中でラカン理論における新たな図式が生み出されるのである。「四つのディスクール」と呼ばれる議論は、ラカンの理論がいかにして「街頭に繰り出すか」を示すものになっていると考えられる。その内実を検討しよう。

「ディスクール」とは何か

まず「ディスクール」とは何か。「ディスクール」という概念は、右に見た一九六九年二月の「作者とは何か?」という講演でフーコーが用いたものであった。一九六九年に始まるラカンのセミネールがその講演でのやり取りをひとつの契機としていることから考えても、ラカンがフーコーを意識していたことは疑いえない。だが、「ディスクール」という概念は、フーコーに先立つ一九六六年、アルチュセールの周辺で社会理論の中心概念として位置づけられたものでもあった(アルチュセール「ディスクール理論に関する三つのノート」)。エコール・ノルマルでのラカンのセミネールがそもそもアルチュセールのラカン理論への関心によって成立したものであり、「三つのノート」が事実上アルチュセールによるラカン研究になっていることから考えても、ラカンがアルチュセールの研究成果を知らなかったとは考えにくい。ラカンにおけるディスクール概念は、それらを踏まえたものと考える必要がある。アルチュセールのディスクール概念は、ラカンの精神分析をイデオロギー論に適用する際に用いられたものであった。

現存のさまざまなディスクールの形態、つまり無意識のディスクール、イデオロギーのディスクール、美のディスクール、科学のディスクールの形態をそれぞれ比較してみると、あるひとつの共通効果を明るみに出すことができる。すなわち、あらゆるディスクールは主体性効果を産出するという点だ。あらゆるディスクールは、その必然的な相関物として何らかの主体をともなう。それがディスクールの機能によって生み出される、主要なとまではいわずとも、ともかく効果のひとつであることに変わりはない。イデオロギー的ディスクールは、何らかの主体効果、何らかの主体を産出し、誘導する。科学のディスクール、無意識のディスクールなども同じである。[5]

社会的な「集団催眠」と呼ばれる状態を「自我理想」の共有とその操作によって説明するフロイトの議論を先に見た。そこでは、転移によって人々の行為が意識されないまま規定される論理が示されていた。アルチュセールは、ここでラカンの精緻な読解を通じて、その論理をイデオロギー論として結実させようとしている。ディスクールとは、それによって社会的な意味での主体を産出するものとされているのである。

アルチュセールのこの用法は、「作者」の特権性を排して「作品」を社会的なディスクールの範疇で捉えようとするフーコーにも通じている。つまり、作者が作品を書き、労働者が街頭のデモをするとき、その行為者は自らの行為の意味と帰結を必ずしも意識しているわけではない、というわけだ。ディスクールは、その中でしばしば無意識的に機能し、その機能の中で「行為主体」と呼ばれるものを産出する、といわれるのである。

しかし、フーコーは主体を産出する社会的なディスクール自体がどのように生み出されるかを考えている点で、アルチュセールとは異なる。フーコーによれば、真の意味で「作者」と呼ばれうる者は、新たにディスクールを産出する者とみなされた。そこで「作者」は、特権的な行為者のようなものとみなされるのではなく、ディスクールの可能性を創始する者とみなされる。「フロイトはたんに『夢判断』や『機知——その無意識との関係』の作者ではありません。マルクスはたんに『共産党宣言』や『資本論』の作者ではありません。彼らは言説産出の無限定の可能性を打ち立てたのです」[6]。真に「作者」と呼ばれるべきは、そのような新しい「言説可能性（discoursivité）」を生み出す者である、とフーコーはいうのだ。

ラカンにおけるディスクール概念は、こうしたディスクール論を前提に展開されたものだった。そこで企図されたのは、まさに、いかにして既存のディスクールが転回し、「構造が街頭に繰り出すか」を明らかにすることだったのである。

主人のディスクール

ラカンがディスクールのモデルとするのは、なお「主人と奴隷の弁証法」である。すでに何度も見てきたように、ラカンは主体がシニフィアンの秩序の中に自己を見出し、それに疎外される過程をヘーゲルの自己意識論に照らして語ってきた。単なる「生命＝欲望」の次元において、いまだ時間を通じて同一の自己をもたない存在が自己の意識を獲得するためには、他者からの承認が不可欠である。承認をめぐる死を賭した闘いを経て、「生命＝欲望」が主人に服し、奴隷として自らを認めるに至る状態を、ラカンは「主人のディスクール」としてあらためて語り直した。

「主人のディスクール」は、図18のようなシェーマによって記述される。S_1とは、「奴隷」がそこに自らの存在の意味を認めるシニフィアン連鎖の起点であり、「主人」によって与えられる。奴隷は主人によって与えられるシニフィアンの秩序の中に「奴隷」として自らを認めることによって初めて、時間を通じて同一の自己を見出すのである。

だが、それは「生命＝欲望」としてあったはずのものが斜線を引かれてシニフィアンの秩序の外に押し出され、疎外されることによってしか成立しない。S_2が示すのは、奴隷がそのように疎外されてシニフィアンの秩序の中にある状態である。S_2は、S_1を起点に始まるシニフィアン連鎖（$S_2 \rightarrow S_3 \rightarrow S_4 \rightarrow$……）を代表しており、それぞれのシニフィアンが「クッションの綴じ目」によって対応するシニフィエを切り出している状態を指している。すなわち、そのディスクールの中で規定される奴隷たちの認識は、主人が与えるシニフィアンの秩序に依存するものになっているのである。

自らの存在をシニフィアンの秩序に束縛される奴隷は、カントの意味においても、フロイトの意味においても、「もの」をそれ自身において見ることはできない。カントがいうように、われわれの認識が立ち現れる現象にカテゴリーを適用し、概念をあてはめることによって成立するのだとすれば、われわれは現象の背後にあるはずの「もの自体」を見ることはできない。また、フロイトがいうように、原初の満足においてあったはずの「もの」は、欲望を導いて主体をシニフィアンの秩序に束縛する結果をもたらすが、それ自身、シニフィアンの秩序の中に見出すことができないものとされた〔→九八頁〕。奴隷は、主人によるシニフィアンの秩序のうちに失われた「対象a」を求めながら、常にそれを失い続けることを余儀なくされているのだ。

$$\frac{S_1}{\not{S}} \rightarrow \frac{S_2}{a}$$

図 18　主人のディスクール

「主人のディスクール」（図18）のシェーマにおいて、対象aはシニフィアンの秩序に属する奴隷（S_2）の認識の外に置かれる。しかし、加えて、その対象aはディスクールにおいて「産出」されるものともいわれる。対象aが、単に主体の欲望を喚起するものとしてだけでなく、奴隷の「労働」によって産出されるといわれるのは、どういう事態を示しているのだろうか。

あらためてヘーゲルの議論を参照すれば、問題となる事柄の概略は理解できる。すなわち、ヘーゲルにおいてすでに、次に見るような「主人の享楽」の構造が示されているからである。奴隷は「もの一般と総合されていることをその本質とする」が、奴隷は「もの」に対して「労力を加えて加工する（bearbeitet）」ことができるだけである（cf. Hegel, 150f.）。「この関係〔ものとの関係〕においては、主人のなすことが純粋に本質的になすことであり、奴隷のなすことは純粋になすことではなく、非本質的になすことである」（ibid.）とされる。主人は自ら「労働」することなく、「ものと自分の間に奴隷を挿入することで、ものの総体の非自立的な部分に自らを結びつけ、これを純粋に享楽する」（Hegel, 151）といわれる。

ここでヘーゲルが「ものの総体の非自立的な部分」といわれるものを対象 a と考えれば、奴隷の労働によって産出された対象 a が主人に供される構造が理解される。「主人のディスクール」のシェーマにおいて右下に産出された対象 a は、S_1 を示す「主人」に結びつけられている。ラカンによれば、奴隷はものを加工して労働する「ノウハウ（savoir-faire）」（S-XVII, 21）を知っているが、主人が知っていることは決して知りえない。「主人は奴隷からじわじわとその知を搾取して欲求不満を引き起こし〔frustrer〕、主人の知に変える」（S-XVII, 36）。「享楽は主人の特権」（S-XVII, 40）であり、奴隷は自らの労働によって産出される対象 a を享楽できない、といわれるのである。

このように、ラカンの論述はヘーゲルの議論に即して展開されているといえる。だが、この議論は実際にはどのような事態を指し示しているのだろうか。ラカンが念頭に置いているのは、マルクスの剰余価値論である。

剰余享楽

マルクスは、等価交換の中に含まれる剰余価値の存在を示すことで、資本家による労働者の搾取の構造を示した。商品をより高く売るために買うという取引（「貨幣－商品－貨幣＋Δ」）において、交換は（少なくとも）二回行われる。最初の取引（「貨幣－商品」）と後の取引（「商品－貨幣＋Δ」）は、それぞれ等価な交換とみなされる。交換とは、そもそも等価でなければ行われないのである。しかし、「貨幣－商品－貨幣＋Δ」という取引には、同じ商品を介した取引の両端に異なる量の貨幣（「貨幣≠貨幣＋Δ」）が示されている。この取引の後、媒介となる商品は手許に残らないのだから、貨幣量が増えない取引をわざわざ行うこともない。この取引が行われるのは、ひとえに貨幣量の増加を見込んでのことである。では、常に等価であるはずの交換が繰り返されるだけで剰余が発生するのは、なぜなのか。マルクスは、そこに搾取の構造を見た。

しかし、ラカンはそこに主人と奴隷の差異を読み込む。「マルクスが剰余価値の中に告発したものは、つまり享楽の搾取なのです。しかし、その剰余価値は剰余享楽の覚書にすぎません。剰余享楽の等価物なのです。われわれの勤勉の産物である剰余享楽の類似した等価物が人間とひとが括弧付きで示すものに供されるということ、それが消費社会というものの意味です。しかし、結局のところ、そのようなものは、まがいものの剰余享楽にすぎません」（S-XVII, 92f.）。奴隷としてシニフィアンの秩序のうちに束縛される者は、享楽を求めて「労働」する。しかし、その「労働」は、あくまでも主人が設定する秩序の中で行われる。「労働」を等価交換することで得られる報酬もまた、その秩序において算出されるものになるだろう。奴隷の労働の意味は、あくまでも主人のシニフィアンに即して示されるのである。

奴隷の労働が、失われた対象をシニフィアンの秩序の中に求めるだけでなく、それを「産出」するといわれるのは、この意味においてである。奴隷の労働は、主人の秩序に即して行われることで、主人をまさに「主人」として承認することになる。ヘーゲルがいうように、主人が主人であるのは、ひとえに奴隷が主人を主人として承認しているからであった。奴隷たちが自らの存在を主人の秩序に認め、その秩序に従って粛々と労働し続けることが、主人が設定する秩序の妥当性をより確からしいものにするのである。「主人の享楽」とは、この意味において、主人を主人として機能させることで奴隷たちの欲望をさらに喚起して自発的な服従を促すものと理解できる。奴隷の労働による対象 a の産出は、こうして「主人の享楽」へと供され、このディスクールに固有の「社会的な主体」を再生産することになるのだ。

ディスクールの基本構造

だが、これは、さまざまにありうるディスクールのひとつにすぎない。アルチュセールが示唆していたように、ディスクールにはさまざまな種類がありうる。そこで生み出される「主体」もまた、それぞれのディスクールに対応したかたちで、それぞれ固有のあり方がある、と期待してよいだろう。

アルチュセールが数えていたのは、イデオロギー、科学、美、そして無意識のディスクールであった。それに対して、ラカンは主人のディスクールの構造を基礎にして、問題となる要素を転回することで、四つのディスクールを得る。主人のディスクールに加えて、大学のディスクール、ヒステリー者のディスクール、分析家のディスクールの四つである。それぞれのディスクールは、S_1、S_2、a、$\not{S}$という四つの要素をひとつずつ回転させることで得られる(図19)。

$$\frac{\not{S}}{a} \rightarrow \frac{S_1}{S_2}$$

ヒステリー者のディスクール

$$\frac{S_1}{\not{S}} \rightarrow \frac{S_2}{a}$$

主人のディスクール

$$\frac{a}{S_2} \rightarrow \frac{\not{S}}{S_1}$$

分析家のディスクール

$$\frac{S_2}{S_1} \rightarrow \frac{a}{\not{S}}$$

大学のディスクール

図 19

ディスクールの差異は、つまり、どこにどの要素が配置されるかということで画されるが、それぞれの場所にはそれぞれの意味づけがされている。すでに見た「主人のディスクール」でいえば、主人の最初のシニフィアン(S_1)がディスクールを始動する「作動因」となる。だが、そこに置かれる要素がディスクールの「創始者」であるわけではない。フーコーがいうように、このディスクールの言説可能性自体を創始するような「作者」を別に考えうる可能性はある。だが、それは「主人」ではない。ヘーゲルにおいてそうだったように、主人が主人であるのは、このディスクールにおいて奴隷がそのように認めるからにすぎず、主人もまたこのディスクールを構成するひとつの要素にすぎないのである。そのことを明記するために、後にこの

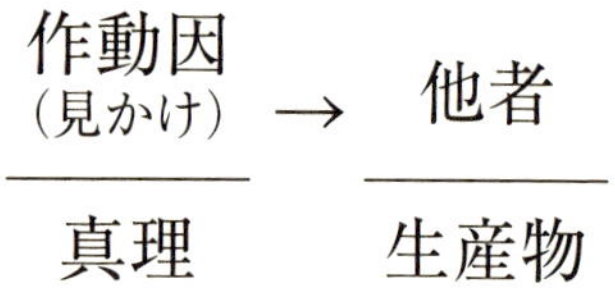

図20

場所は「見かけ」と言い換えられることになる。しかし、見かけ上のものとはいえ、「作動因」に置かれたものが「他者」の場所に置かれたものへと働きかけることでディスクールが展開されることに変わりはない。それは、主人のディスクールにおいては、奴隷（S_2）であった。主人は奴隷を労働させることで対象aを生み出すとされた。「生産物」の場所に置かれるのが、ディスクールの帰結である。生産物が作動因へと差し戻されることで、ディスクールが再生産を繰り返す回路が成立するのであった（図20）。

だが、ディスクールの作動因となる主人の側で「知らないこと」がある。それは、主人の存在がひとえに奴隷たちの承認によるということである。「残されているのは、実際、主人の本質、つまり主人が欲していることを主人は知らないということです。ここに主人のディスクールの真の構造があります。奴隷はたくさんのことを知っていますが、さらにひとつ知っていることがあります。それは、主人が欲していること、です。しかし、主人はそれを知りません。〔…〕こうしてうまくいきます。ともかくも、あるところまでは十分にうまくいくのです」（S-XVII, 34）。主人のディスクールは主人が奴隷たちの労働によって自らの存在を確立することを目指して展開されるが、主人はそのことを知らない。その主人の無知は、ヘーゲルがいうように、やがて奴隷たちが主人を排する契機となる。奴隷は奴隷であるために必ずしも主人を必要とせず、代わりに「死」を「絶対的主人」とすることで主人を排する。しかし、主人にはその「真理」が見えていない。主人のディスクールの展開を真に動機づけているのは、主人自身の存在の探求（$\$$）である

が、奴隷の労働によって産出される対象aを享楽する主人は、その享楽を求めていたものと取り違え、そのことを知らないのである。

そして、このようにラカンが語る四つのディスクールにおいて、「真理」がディスクールを動機づけながら、実際の展開において到達不可能なものにとどまるということが、ディスクールを転覆させる契機となる。「うまくいっている」ように見えるどのようなディスクールも、その点において転回する可能性をもっている、とラカンはいうのである。

大学のディスクール

主人のディスクールにおいて、主人はひとえに奴隷がそのように主人を認めることで主人たりえた。だが、他方の奴隷は、奴隷としての自己の意識を保つために必ずしも主人を必要としない。ヘーゲルは、その点について、奴隷は「死」を「絶対的主人」とすることができる、といっていた。同じことは、ラカンの理論に即しても跡づけられる。すなわち、奴隷たちが世界をそのように認識するためのシニフィアンの秩序は、主人という超越的な存在にその根拠を委ねる必要はない、ということである。奴隷たちが自らの存在をそこに認める世界は、主人がそのように語ることで創造された、と考える必要はない。その秩序の妥当性は、「われわれ」とヘーゲルがいう奴隷たちの共通の意志によって確保することができる。「われわれ」がすべて奴隷であるのは、「われわれ」が主人によってそのように規定されるからではなく、「われわれ」自身によってそうみなされるのである。

こうして、主人のディスクールは新しいディスクールに道を譲ることになる。そのディスクールに

$$\frac{S_2}{S_1} \rightarrow \frac{a}{\$}$$

図21　大学のディスクール

対応する「主体」は、自己の意識を「われわれ」と呼ばれるものに即して獲得することになる。そこでは、すべての者が等しく奴隷であり、奴隷たちの奴隷たちによる奴隷たちのための社会が実現する。そこでは、しかし奴隷であることにおいて形式的に平等である存在が奴隷であることは意識の外に置かれる。奴隷たちはすでに確立されているシニフィアンの秩序（S_2）の中に自らの存在を認めるが、それを成立させている最初のシニフィアン（S_1）は意識の外に置かれるのである。

超越論的な「私」、それは知を語る者が誰でも真理として隠しているもの、すなわちS_1、主人としての「私」なのです。（S-XVII, 70）

新しいディスクールの「主人」は超越論的な主観性としての「私」である、とラカンはいう。先に見たように、ヘーゲルはカントが超越論的に要請した「私」が成立する構造を「主人と奴隷の弁証法」によって示そうとした。われわれは生まれながらにして超越論的な「私」なのではなく、それに対応するディスクールによってそのような主体として産出された、といわなければならない。

しかし、その「真理」は、新しいディスクールでは意識の外に置かれる。そして、そのことが、このディスクールの展開を動機づけることになる。「大学のディスクール」[7]とラカンが呼ぶ新しいディスクールは、知とはすなわちS_2のことだと学生に教える大学をモデルとする（図21）。大学が代表する知は、すでに成立しているシニフィアンの秩序についての知であり、ヘーゲルの図式でいえば、つまり奴隷の知である。だが、そのことは隠されている。しかし、まさにそのことが、知の外部に立つ「学生」を奴隷の知の中に不断に統合するディスクールを展開させる動機ともなっている。奴隷たちの社会では、原理的にすべての者が「奴隷」でなければならず、それ以外の存在の可能性はあらかじめ排除されなければならない。カントがまさにそうだったように、超越論的な主観性は、単にひとつのディスクールを成立させるために超越論的に要請されるものであるにもかかわらず、すべての存在者は理念的にそのような「私」であるはずだとみなされる。すでに見たように、精神分析が明らかにしたのは、まさに近代的な知の枠組みにおいて、それ以外の存在の可能性がある、ということだった。超越論的な「私」とは、つまり自我理想のひとつであり、精神分析はそれがどのような過程を経て構成されるのか、その論理を示すものだったのである。

しかし、「大学のディスクール」は、常にすべてを奴隷の知の中に統合しなければならない、という課題をもつ。そのために「大学」は不断に外部の存在（a）に働きかけて、斜線を引かれた主体（$\$$）を産出する。学生もまた奴隷でなければならないが、奴隷の知の中に自己を見出す学生は、他の存在でありえた可能性を意識しない。そのようにして斜線を引かれた主体がシニフィアンの秩序の外部に産出され続けることによって、大学のディスクールが維持されるのである。

資本主義における「主人」

ラカンは、この「新しい主人」（隠されたS_1＝超越論的主体性）のディスクールを「資本主義のディ

スクール」と言い換えている（cf. S-XVII, 34）。これは何を意味しているのだろうか。アダム・スミスは、そもそも「諸国民の富」の分析を道徳哲学の延長線上に置いていた。自由に競争する人々の社会が「神の見えざる手」によって結果的に最善を生み出すことができるのは、彼らが隠された「真理」として同じ理念を共有しているからである。分業によって生産効率の向上が可能になるのも、自分の労働が他の奴隷の労働と同じ価値をもつことがあらかじめ担保されているからにほかならない。[8] 自分には過剰な量の同一商品の生産を、匿名の他者がそれを欲することを信じて行い続けられるのは、彼／彼女らもまた同じ奴隷であることがあらかじめ保証されているかぎりにおいてである。

このように考えれば、大学のディスクールが資本主義社会の基底となる構造をなしていることが理解できる。大学のディスクールに見出される「自由で平等な主体」は、既存の構造に束縛された奴隷であることを意識の外に置きながら、失われた対象の享楽を求めて「労働」し続ける。設定されたシニフィアンの秩序に即して労働することで、奴隷たちは求める享楽を絶えず繰り延べられるのである。

その構造にマルクスが搾取の論理を見たことは、すでに確認した。ラカンはそれを剰余享楽の搾取とみなした。主人が設定する秩序の中で等価な交換をすること自体が、生み出される剰余を主人へと差し出すことになる。だが、資本主義という「新しい主人」のディスクールでは、すでに主人と呼ばれるべきものは排されていたのではなかったか。そこで「新しい主人」の位置を占めたものは、「われわれ」ないし、すべての人に共通する超越論的な「私」であったはずである。

しかし、「主人のディスクール」の場合とまったく同様に、「新しい主人」によって規定されるシニフィアンの秩序の中で、すべての者が自らの行為の意味を見出し続けることがディスクールの確からしさを高める効果をもつ、ということはできる。「主人の享楽」と呼ばれるものが主人が主人として承認されることを意味するのであれば、この「新しい主人」についても同じことがいいうる。現に人々の行為がその秩序に合致するものになっているなら、実際に「新しい主人」がより確かなものとして承認されている、ということができる。

だが、他方で剰余価値の問題は、生み出された剰余が資本として数量化される、という特徴ももっている。生み出される剰余は、「等価交換」の論理においてこぼれ落ちるものでありながら、資本の論理としては現前するものとみなされる。その構造を明示するために、ラカンは一九七二年のミラノでの講演において、資本主義における「新しい主人」の機能を別様に示してみせた。そこでは、「奴隷＝労働者」の視点からではなく、「資本家」の視点から見た資本主義のディスクールの構造が示されているのである。

$$\frac{S_1}{\$} \rightarrow \frac{S_2}{a}$$

図 22-1　主人のディスクール

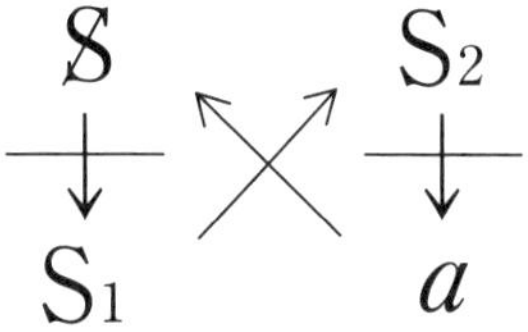

図 22-2 「資本家」から見た資本主義のディスクール

そこでは、主人のディスクール（図22－1）の左側の式を上下に反転させた図式が示される（図22－2）。矢印の向きを見るかぎり、反転を経てなお、$\$ \downarrow S_1$、$S_1 \downarrow S_2$という道筋に変化はない。すなわち、主人のディスクールで「真理」の位置に置かれた$\$$がS_1を動機づけてディスクールを展開させ、S_1からS_2へと働きかけがな

される、という構造に変化はないと考えられる。変わっているのは、認識の外に置かれるものである。このディスクールで「隠されている真理」は、大学のディスクールと同じS_1である。「資本家」もまた同じシニフィアンの秩序に縛られる「奴隷」の一人であり、かつそのことを自覚していないのである。

代わりにあらわにされているのは、斜線を引かれた主体（$\$$）である。「資本家」とは、ラカンの図式において、このあらわにされた欲望を指すものになっている。「資本家」はシニフィアンの秩序の中では自らを他と同じ「奴隷」として意識する。だが、同時に「資本家」は、奴隷たちの間の「等価交換」の構造の外に、自らの欲望の対象を見出す。「資本家（$\$$）」は、奴隷たちの等価交換の秩序からこぼれ落ちる「剰余（a）」を見出し、そこに「幻想（$\$\diamond a$）」を見る位置に立っているのである。

「資本家」が絶えざる「幻想」を求めて資本主義のディスクールを展開させること——それが「大学」によるすべての存在者の「奴隷」への統合と並行して行われている。奴隷たちの奴隷たちによる奴隷たちのための社会は、同じく奴隷でありつつ剰余を享楽しようとする「資本家」の欲望によって支えられているのだ。ヘーゲルの「主人と奴隷の弁証法」を基礎にしたラカンのディスクール論は、こうして資本主義社会の構造を明らかにするものとなる。構造の分析は、そこでは単に既存のシステムを前提にするものではなく、その転回の可能性を同時に示すものになっている、ということができるだろう。構造は、こうして「街頭に繰り出す」ことになるのである。

「歴史の終わり」と残されたディスクールの可能性

だが、実際には、その「新しい主人」のディスクールは、どのような転回可能性をもつのだろうか。「新しい主人」のディスクールの実現は、ヘーゲルにおいては「世界史の完結」を意味するものとみなされた。コジェーヴによるヘーゲル読解においてとりわけ強調されたことではあるが、「理性の狡知」によって展開する「歴史」は、最終的に「われわれ」の精神が実際の社会システムとして実現することで「終わり」を迎えるとされた。「人間は普遍的で等質な国家を世界の中に創造した後、この世界に対立することをやめ、行動（或いは自己）としての自己を廃棄する」[9]。「歴史」の中で精神を実現する存在と定義された「人間」は、そこで「消滅」する。「ポスト歴史」以降の人間は、コジェーヴによれば、「アメリカ的生活様式」の全面化によって「動物」に回帰する、といわれたのである[10]。

ラカンは、しかしそうは考えない。主人のディスクールから資本主義という「新しい主人」のディスクールへ転回した後、ディスクールはなお二つの可能性を有している。コジェーヴのいうように、ヘーゲルの「主人と奴隷の弁証法」が中世から近代に至る「歴史」の論理を示すと考えたとしても、ラカンにおいてはなお別様のディスクールの可能性が残されているのである。前二者と同じ要素を用いて可能な残り二つのディスクールは、どのような構造を示しているのか。

ヒステリー者のディスクール

「ヒステリー者のディスクール」とは、斜線を引かれた主体（$\$$）が「作動因」となって展開するディスクールである。ヒステリー者とは、シニフィアンの秩序の中に見出された自己の意識に適合しな

$$\frac{\$}{a} \rightarrow \frac{S_1}{S_2}$$

図23　ヒステリー者のディスクール

い欲望に突き動かされる者を意味している。ヒステリー者もまた意識の上ではなおシニフィアンの秩序に束縛された存在を自己とみなしており、自分が何を欲しているのかを知らない。無意識の領域で作用する欲望に対する無自覚が、ヒステリー者を特徴づけているのである。

　ヒステリー者は無意識の欲望に突き動かされて、既存の秩序を支える主人とは別の主人を求める。既存のシニフィアンの秩序の中での労働に「失われた対象」の獲得を「要求」する自己のあり方から離れて、無意識の領域における欲望の不満足を募らせるヒステリー者は、その欲望を実現しうる別の主人を求める。ヒステリー者のディスクールとは、こうしてヒステリー者（$\$$）が別の主人へと働きかけることで展開されるのである（図23）。

　別の主人を主人として機能させるために、ヒステリー者は自ら進んで別の主人が設定する別様の秩序の奴隷となる。ヒステリー者の症例として知られるドーラの献身が、その点を裏づけている。ドーラは「不能の父」を「父」として機能させるために、驚くべき献身を発揮した。自ら進んで別の主人を「新しい主人」として承認することで、ヒステリー者は別様の秩序（S_2）を生み出し、望むべき自我理想を獲得しようとする。ヒステリー者は、こうして既存の秩序を転覆させ、望むべき新しい秩序を構築しようとするのである。

　既存の秩序のあり方から距離をとり、満たされない欲望の実現を目指して新しい秩序を構築しようとするヒステリー者は、それゆえ、ある意味では「革命」を求める者にほかならない。一九六八年五

月の熱狂の中でのパリ第八大学の集会に乗り出したラカンは、革命を求める学生たちにヒステリー者を見出している。「革命家としてのあなたがたが熱望しているのは、一人の主人です。あなたがたは、その主人をもつでしょう」(S-XVII, 239)。しかし、別の主人を立てるだけなら、別様のシステムにおいて「搾取」の論理を繰り返すだけになってしまう。「[パリ第八大学で「革命家」を自任する]あなたがたは、その体制において資本家の機能を演じているのです」(S-XVII, 240)。既存の秩序における不満足を起点として展開するディスクールは、別様の秩序(S_2)を産出して、なお求めていた対象(a)を獲得することに失敗するのである。

分析家のディスクール

しかし、なお別のディスクールの可能性がある。最後に残された「分析家のディスクール」は、精神分析のセッションをモデルにしている。それは、ヒステリー者($\not S$)を「分析主体」として迎え、教育分析を行うものである(図24)。「分離」の論理においてすでに見たように、そこで分析家は「知っていると想定された主体」として分析主体の欲望の対象(a)になり、転移を引き起こすのであった。分析家は、しかしヒステリー者が求める主人として自らを与えるのではない。もし望むべき新しい自我理想を分析家が提示するなら、それは精神分析ではなく、催眠になる。分析家が一人の主人として、人々がそなえるべき同一の自我理想を提示するなら、それは「集団催眠」を引き起こして社会的な操作を可能にすることになるのだ。

$$\frac{a}{S_2} \rightarrow \frac{\not S}{S_1}$$

図24　分析家のディスクール

精神分析は、しかし分析主体が自ら世界を意味づける新しい理念（S_1）を生み出すことを目的とする。そして、それはヒステリー者として迎えた分析主体を一人の分析家として育成することでもあった。分析家のディスクールを展開することによって産出される「主体」とは、精神分析家にほかならないのである。

テクスト読解の「転移」

こうして足早にラカンのディスクール論の内実を確認した上で、あらためて精神分析の実践について考えてみたい。精神分析家を産出し続ける分析家のディスクールには、どのような可能性がありうるだろうか。分析家のディスクールが示唆しうる新しい社会の構造について考えることは、本書の課題ではない[11]。本論の課題は、あくまでもラカンのテクストを読むことに限定される。しかし、まさにラカンはテクストを読むことによって生起する転移の可能性を語っているのである。

引用とは、どのようなものでしょうか。あなたがたがちょっとしたものを書こうとするとき、例えば社会闘争の場にいたとすれば、マルクスを引用することでしょう。「マルクスによれば……」、そう書くはずです。もしあなたがたが精神分析家であれば、フロイトを引用します。「フロイトによれば……」と添えて。それは重要なことです。

〔分析家のディスクールにおいて「真理」の場所に置かれる知（S_2）としての〕謎は、言表行為です。そして、あなたがたは何とかして、それを言表内容へと落とし込みます。引用とは、作者の

> 名の中にあなたがたが見出す確かな支えです。〔…〕マルクスやフロイトを引用するとき——この二人の名前を選んだのは偶然ではありません——、それ〔＝引用〕は想定される読者によって占められるディスクールの一部として機能しているのです。そのような仕方で、引用もまた「半ば‐言うこと〔mi-dire〕」〔＝「謎の機能」〕なのです。(S-XVII, 40)

マルクスやフロイト（あるいはラカン）のテクストを読み、そのテクストを引用するとき、その引用はひとつの「謎」として機能しうる。分析家のディスクールでは、「真理」の場所に「知（S_2）」が置かれていた。その「真理」としての知は、横棒の下に隠され、「謎」として機能する（cf. S-XVII, 39）。「謎」は、分析家が「知っていると想定された主体（a）」として現れることを動機づけるのである。

ここでは、引用がその「謎」としての機能を果たすといわれている。引用が「謎」として機能するとき、テクストはそれ自身が「知っていると想定された主体（a）」として読者を魅了する効果をもちうる。つまり、そこではテクストを読むこと自体がひとつの転移として機能しうるのである。われわれの心的装置の欲動は、そこで新たに「失われた対象」の享楽の可能性を見出すことになる。自己の存在を規定する既存の知の枠組みを宙づりにするような「幻想（$\$ \diamond a$）」の中に、新たに世界を意味づける理念（$S_1$）が生み出される。テクストを読むことは、それ自体において精神分析的な実践になりうるのだ。

だが、そのようなテクスト読解の転移は、無条件に発生するわけではない。ラカンは可能な「作者」として、マルクスとフロイトを挙げている。この二人は、フーコーがディスクールの創始者として例示する「作者」だった。フーコーによれば、「作者」と呼ばれるべきなのは「言説可能性」を新たに開く者に限られる、といわれていた。ラカンもまた、引用が「謎」として機能する条件を、特定のディスクールに参与していること、としている（cf. S-XVII, 40)。だが、「特定のディスクールに参与する」とは、どういうことだろうか。

それは、われわれが実際にテクストを読むことにおいて実践していることを考えれば、おのずと明らかになる。テクストを読むことにおいて、われわれは必ずしも意味の明らかではないシニフィアンをたどり、テクストがそれ自身においてもつ差異の体系を紡ぎ上げる。『アタリー』におけるアブネルとジョアドの対話のように、既存の知の枠組みが相対化され、知っているはずの言葉から意味が奪われる中で、新たな意味の可能性が開かれる。テクストを読むという転移が可能であるためには、それゆえテクストの他者性が確保されていることが条件になる、ということができるだろう。読まれるべきテクストの意味が何らかの超越的な力によってあらかじめ特定の枠組みに定められるのであれば、そこに新たな意味を見出すことはできない。それはせいぜいのところ、超越的な力として働く「新しい主人」を共有し「集団催眠」に陥るヒステリー者のディスクールを帰結するにすぎない。テクストがひとつの「欲動の対象」として読み取られるべき何かを指し示すのは、われわれがその中に心的装置の構造の変化を期せる何かを見出しうるかぎりにおいてである。だが、読み取られるべき意味がテクストの外部にあらかじめ設定されているなら、真の意味での分析家のディスクールは作動しないのだ。

フロイトとマルクスなどの「作者」は、既存の知の枠組みに対する批判的な言説の可能性を切り開く点において、「謎」となるのであった。そこには、われわれの心的装置を今現に規定している構造を変化させる可能性がある。分析家のディスクールの実践は、そのかぎりにおいて精神分析家の共同体を越えて開かれる可能性をもつのである。

第六章

生成変化

多様な構造化の
可能性について：1971～81年

1　抹消線を引くこと、女性の享楽

「リチュラテール」

一九七一年、七〇歳のラカンは、二度目の日本への渡航の後、「リチュラテール（Lituraterre）」と題された論文を発表する。この時期に「日本なるもの」の特異性を論じることは、ロラン・バルト、コジェーヴなど、同時代の他の思想家にも見られるひとつの傾向である。ラカンもまた、日本の文字の特異性に着目して、そこに新たなディスクールの可能性を見ようとしている。そのような視線が単なるオリエンタリズムでないとすれば、どのような意味があるのか。最終章の課題は、晩年のラカンの思索をたどりながら、ラカンにおける別様の構造化の可能性を探ることである。

「〔日本に見出されるような〕リトラル（沿岸的）なもの〔le littoral〕によって、見かけから発しないという特徴をもつディスクールを構築することはできるだろうか」（AE, 18）。ラカンはこういいながら「日本」を材料にして新しいディスクールの可能性を探っている。実際、そこでの「日本」とは、ラカンにとって、ひとつの「謎」として対話の可能性を開くものと考えるべきであろう。ラカンもまた、現実の日本人がすでにその見出されるべきディスクールの中で「主体」を産出している、とまでは言っていない。本論の関心もまた、そこに「日本なるもの」の本質を見出すことではなく、ラカンとともに新しいディスクールの可能性を探ることにある。

ラカンは、ここで新しいディスクールの特徴を「見かけから発しない」こととしている。先に見たように、四つのディスクールは「見かけ」と言い換えられる「作動因」を起点として展開するものとされていた。それが作動因とみなされるのは「見かけ」のことにすぎず、ディスクールを動機づける「真理」はその背後に隠されるとしても、少なくとも「見かけ」の上では、そこからディスクールが発するものとされていた。しかし、ここではそれとは別のかたちのディスクールの可能性が模索されている。鍵とされるのは「リトラル＝沿岸的」という概念である。

「リトラル＝沿岸的（littoral）」というフランス語は、ラテン語の“litus”に由来する。そして、“litus”とは、ラテン語の“lino”（なすりつける、塗る）という語の受動完了形である。その“lino”という語が、この論文のタイトルにもなる「リチュラテール」と関係づけられる。

「リチュラテール（lituraterre）」は「文学《リテラチュール》（littérature）」ではない。だが、何らかの記号を刻み込むという点では、「文学」と同じ機能をもっている。ラカンによれば、その語はラテン語の“lino”（なすりつける、塗る）、“litura”（塗りつけて消すこと）、“liturarius”（草稿）といった語群の中に位置づけられる（cf. AE, 11）。「リテラル（沿岸的）なもの（littoral）」という語もまた、字義どおりには海に囲まれる「日本」の地域性を象徴するものと解されるが、“lino”（なすりつける、塗る）から始まる語群に属することにおいて同様の意味を担わされていると考えることができよう。

では、その意味とはどのようなものだろうか。ラカンは「大地（terre）」に降り注ぐ「雨」を集めて出来上がる「流れ」のイメージによって、それを示している。「雨」とは、ここでは「雲」という「見かけ」から降り注ぐシニフィアンを指している。そこで「見かけ」となるものは、何か限定された作動因を示すものではない。雨の源を探ろうとしても、そこに見出されるのは大気中の水を集めて漂う不均衡なテクスチャーでしかない。しかし、そうして降り注ぐシニフィアンを集めて流れが出来上がり、その流れの中にシニフィエが浮かび上がる。そのような過程を、ラカンは「リチュラテール」と呼ぶのである。「エクリチュール（＝書くこと）は、現実的なものに穿《うが》たれたシニフィエの細溝〔ravinement〕である。それは、シニフィアンをなすかぎりでの見かけから降り注ぐのだ」（AE, 17）。大地に降り注ぐ「雨」が流れとなって出来上がる「細溝」が、そこでシニフィエとなる。ラカンはそこで「リチュラテール（lituraterre）」という概念に、litura ＋ terre すなわち、大地に抹消線を引くという意味を担わせていることがわかる。[1] 降り注ぐ雨としてのシニフィアン連鎖は、「現実的なもの」の大地に次々と差異を刻む。だが、そこで刻み込まれた差異の構造は、「リチュラテール」においては「クッションの綴じ目」による全体化を待つのではない。シニフィアンの流れは、そこで何度も抹消線を引きながら、その中で大地に直接シニフィエを浮き上がらせる、といわれるのである。

次々に降り注ぐシニフィアンは、「最初の線＝特徴（trait premier）」を抹消し、別様の大地に差異を刻み込む。その「最初の線と抹消線との結合」の中に「主体が形成される」とラカンはいう（cf. AE, 16）。「ディスクール」と呼ばれるものが何らかの「主体」を産出するものだとすれば、次々と差異を更新する「リチュラテール」において産出される主体とは、いったいどのようなものなのか。ラカンは、それを「一の線＝特徴（trait unaire）」の機能との対比によって説明する。

「一の線＝特徴」とは、第三章2節の最後で見たように、人々がともにそれに同一化することで「全体」が形成されるものを指す概念であった。それは内容を欠いた線としての自我理想であり、われわれはともに最初に同じ線を引かれることで、それぞれを「一」と数えることができる、といわれていた。「一の線＝特徴」とは、つまり単なるシニフィアン連鎖をひとつの構造として閉じるものを指す概念だったのだ。

「リチュラテール」においては、しかしその「一の線＝特徴」は、書かれると同時に消されるもの、あるいは何度も書き直されて必ずしもひとつに定まらないものとみなされる。

主体の根源的な同一化として、一の線＝特徴だけでなく、星座をなす天空〔un ciel constellé〕にも支えられるということが、次のことを説明する。すなわち、それは、主体は「大文字の君〔le Tu〕」しか支えにできないということ、つまりは、さまざまな礼儀的な関係に応じてすべての言表内容が変化するような文法の形態のもとでのみ主体が支持されるということを説明しているのである。（AE, 19）

「リチュラテール」においては、「一の線＝特徴」は必ずしもひとつに定まるものではなく、「星座」のように複数の線の中から浮かび上がるものとみなされる。大他者として参照されるのは、そこでは「君」であり、それは関係に応じてさまざまに変化しうるものとみなされる。日本語というラングが、実際、ラカンがいうような特殊な文法構造をもち、特異な主体形成を促すものであるかについては、本論の枠内で判断することはできない。しかし、ラカンがここで「日本」なるものを材料として別様のディスクールの可能性を見出そうとしている、ということはできる。ここには別様の構造化の可能性を探る晩年のラカンの思索の一端が現れている、と考えられるのである。

「性別化」の論理

ラカンはまた「女性」という他なるものについても新たな思考を展開している。『アンコール』と名づけられたセミネール第XX巻において、「女性」は「男性」とは異なる論理構造の中に生きる存在として描かれた。なお根強いフェミニズム的誤解を解くために最初に付言すれば、ここで「男性／女性」の差異として語られるものは、「生物学的な性差」（セックス）とも「社会的な性差」（ジェンダー）とも異なることに注意すべきである。ラカンは、むしろ「男性／女性」の差異を次に見る論理によって新しく定義している。ラカンによれば、生物学的あるいは社会的な意味で女性に分類される者も、「男性」の論理によって産出される者であるなら、同じく「ファルス的享楽」と呼ばれる享楽の構造に束縛されていることになるのである。

セミネール第XX巻で展開された「性別化」の論理は、アプレイウスの論理表を修正して示されたものであった。アプレイウスの論理表とは、中世の論理学の基本をなすもので、全称肯定命題（A）、全称否定命題（E）、特称肯定命題（I）、特称否定命題（O）のそれぞれの間の真理値の関係を示すものである。例えば「すべての人間は嘘をつく」という全称肯定命題（A）は、「すべての人間は嘘をつかない」という全称否定命題（E）と対立する。つまり、それらの命題は「反対対当」の関係にある。だが、それらの命題は、両者がともに「偽」である場合には両立する。すなわち、「ある人間は嘘をつき、別のある人間は嘘をつかない」という場合がありうるわけだ。しかし、「ある人間は嘘をつかない」という特称否定命題（O）は、それが偽であれば、ただちに形式的に全称肯定命題（A）を真とする関係になっている。両者は決して両立しない「矛盾対当」の関係にあるため、一方が成立すれば必ず他方が棄却され、一方が棄却されれば他方はただちに形式的に成立するものとみなされるのである。これは全称否定（E）と特称肯定（I）にも認められる関係だが、「矛盾対当」の関係にある命題は、先の全称命題同士の「対立」とは異なり、ともに「偽」というかたちでも両立しない。これらの関係を図にまとめると、対角線上に置かれた線のみを「矛盾」とする四角形が出来上がるだろう。これがアプレイウスの「対当の正方形」と呼ばれるものである（図25）。

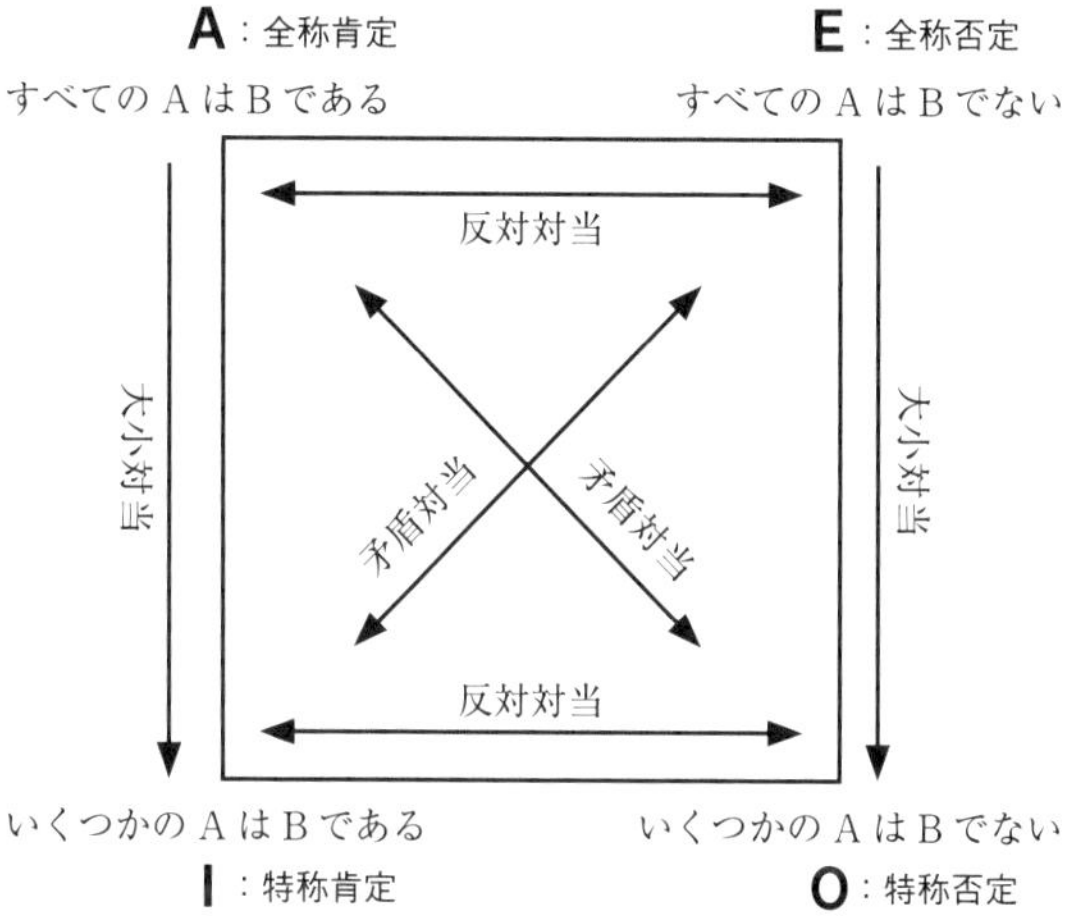

図25

　セミネール第XX巻において、ラカンは図26のようにアプレイウスの論理表の中で互いに「矛盾」するはずの全称命題（A）と特称命題（O）が両立する「論理」として「男性」を示し、同じ全称肯定（A）と特称否定（O）の量化子を否定して得られるものの両立として「女性」の論理を示した。すなわち、「女性」の論理は、ラカンにおい

「男性」	「女性」
$\exists x \quad \overline{\phi x}$	$\overline{\exists x} \quad \overline{\phi x}$
$\forall x \quad \phi x$	$\overline{\forall x} \quad \phi x$

図 26

て、全称でない肯定と特称でない否定の両立という特殊な論理によって示されるのである。「量化子の否定」という、ある意味で非常にアクロバティックな論理的操作の意味を明らかにするためには、まず「男性」の側の論理、つまりアプレイウスの論理表において「矛盾」するとされた二つの命題がいかにして両立するのかを見る必要がある。

「存在含意」の問題

ラカンは、すでにセミネール第IX巻『同一化』でアプレイウスの論理表を取り上げ、「去勢」の普遍性を示していた。ラカンは明示的に言及していないが、そこには古典論理学で議論された「存在含意」の問題が示されている。アプレイウスの論理表に問題があることは、すでにアベラールによって指摘されていた。それは命題で「語られるもの」が実際にそのような存在としてあることを含意してしまうことで生じる問題である。

例えば、アベラールが挙げている命題「ある石人間は石である」という命題を考えよう。ここで「ある石人間は……」と語られることにおいて、すでに「石人間（homo qui lapis est）」なるものの存在がいかほどか含意される。特称命題では、主述の関係が肯定されるにせよ否定されるにせよ、主語となるものの存在が前提にされるのだ。しかし、実際に存在を確認できない「石人間」が「石」であるということはできない。だとすればつまり、この特称肯定命題（I）は「偽」であることになる。

だが、アプレイウスの論理表は、ひとつの命題の真理値を確定することで形式的に他の命題の真理値を定めることができるものとして利用されたのだった。それは、この場合でもあてはまる。すなわち、特称肯定命題が「偽」であるとすれば、先に見た「矛盾」の関係によって、全称否定命題が「真」であることになる。両者は一方が「真」であれば必ず他方が「偽」になるという関係にあった。こうして「すべての石人間は石ではない」は「真」であることになる。そして、全称否定命題が「真」であれば、その特殊例にすぎない特称否定命題「ある石人間は石でない」もまた「真」であることになる。このようにして、われわれは存在を確認できないはずの「石人間」についての命題の真偽を語りうることになるのだ。

すでに明らかであるように、ここでの問題は、単なるシニフィアンにすぎない「石人間」が直ちに実際の世界の存在を指し示すものとみなされていることに由来する。この問題を論じるラカンの文脈に即していえば、「石人間」なるものは語の構成の次元、lexis の水準において語られるものだが、存在については phasis の次元、つまりあれやこれやの具体的なものについて判断する次元が関わっている（cf. S-IX, 1962.1.10）。アプレイウスの論理表においては、両者が同じ平面で語られている、とラカンはいうのである。

この問題をより立ち入って検討するために、ラカンはアプレイウスの論理表を円の四つの領域として示す。そこでは「直線は垂直である」という命題の全称肯定（A）、特称肯定（I）、全称否定（E）、特称否定（O）が問題になっている。注意すべきなのは、四つの命題すべてがそれぞれ四つに区分された円の領域の二つを占めるということである（図27）。例えば「A：すべての直線は垂直で

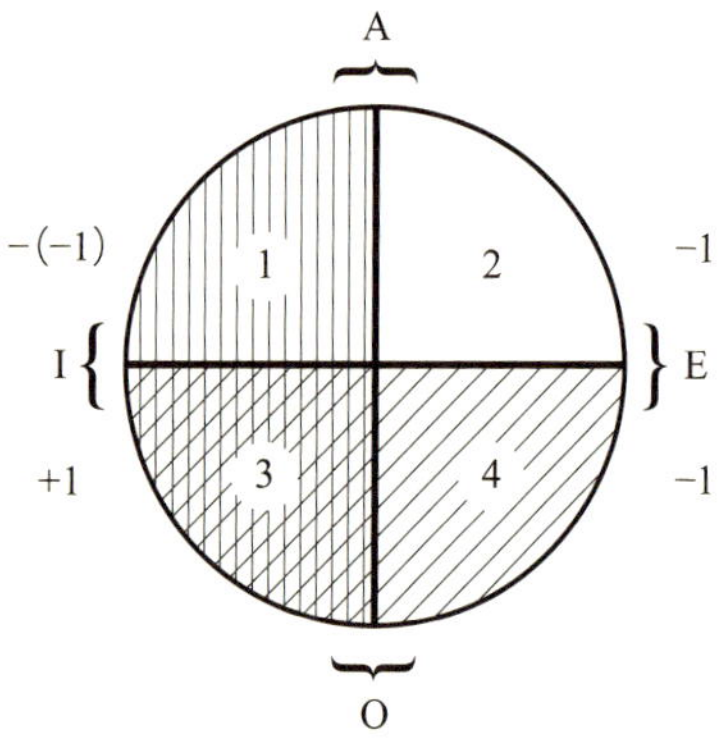

図 27

ある」は、1の領域だけでなく、2の領域にも関わっている。2には「直線は存在しない」わけだが、まさに直線なるものが実際に存在しないことにおいて、「すべての直線は垂直である」と語りうる。つまり、それは実際の「線」の存在について（phasis の次元）ではなく、単なるシニフィアン（lexis の次元）において語りうるものであるわけだ。まったく同様に、全称否定は2と4の領域に関わる。つまり、そこでは全称肯定と全称否定という対立する二つの命題において、2の領域が共有されているのである。そもそも直線なるものが実際に存在しないのであれば、「すべての直線は垂直である」と「すべての直線は垂直でない」は同時に成立することになるのだ。

実際の存在を考えると排除される2の領域は、それゆえ純粋に lexis においてのみ問題となるものであることになる。しかし、ラカンはその2の領域こそが単に語られるだけのシニフィアンの意味を確定する機能を果たしているとする。「直線」とは何か。第四章で確認したように、それは「直線」のうちに直線ではないものを内的に排除することによって初めて成立するといわなければならない〔→一六四頁〕。具体的な存在に対して「直線」というシニフィアンが適用されるか否かは、純粋に lexis の次元に関わる2を内的に排除して初めて成立するのである。

このように、すべての命題の成立が特定の領域を排除することで成立しているということを、ラカンはアプレイウスの論理表で示そうとする。すなわち、「すべて」はファルスというシニフィアン連鎖の意味を確定するものによって規定される（すなわち、全称肯定Ａ「すべてはファルス関数によって規定される」が成立する）が、その「すべて」が成立するためには「すべて」には属さない例外が不可欠である（すなわち、特称否定Ｏ「あるものはファルス関数によって規定されない」が同時に成立する）。その「例外」の機能については、われわれは第三章3節ですでに見ている［↓一三二頁］。このように、あらゆる存在が例外に支えられてシニフィアンの秩序に規定される状態を、ラカンはここで全称肯定と特称否定の両立として示しているのである。「男性」の論理とは、「すべてはファルス関数に規定される」（$\forall x\ \phi x$）と「あるものはファルス関数に規定されない」（$\exists x\ \overline{\phi x}$）という「矛盾」するはずの命題の両立である（図28）。「男性」とは、ラカンにおいて、この二つの命題によって規定されるようなシニフィアンの秩序の中の自己に同一化し、「失われた対象」の享楽を「要求」する存在として規定されるのである。

$$\text{O:}\quad \exists x\quad \overline{\phi x}$$
$$\text{A:}\quad \forall x\quad \phi x$$

図28

$$\text{Ø:}\quad \overline{\exists x}\quad \overline{\phi x}$$
$$\not{\text{A}}\text{:}\quad \overline{\forall x}\quad \phi x$$

図29

女性なるもの（~~La~~）

これに対して、「女性」は「男性」を示す二つの命題の量化子を否定したものによって示される。すなわち、「ファルス関数に規定されるのはすべてではない」（$\overline{\forall x}\ \phi x$）と「ファルス関数に規定されないものが存在するわけではない」（$\overline{\exists x}\ \overline{\phi x}$）である（図29）。ここで注意すべきは、「女性」において「男性」の命題の「量化子」が否定されているだけで、命題内容自体は否定されていない、という点である。これはどういうことだろうか。

先に見たように、通常のアプレイウスの論理表では、全称肯定命題の否定は直ちに特称否定命題の肯定を意味し、特称否定の否定は全称肯定の肯定を意味するのであった。「女性」の論理が仮に「男性」の否定によるのなら、「女性」もまた特称否定命題（＝全称肯定命題の否定）と全称肯定命題（特称否定命題の否定）によって示されることになる（すなわち、$\overline{\exists x\,\overline{\phi x}} \Leftrightarrow \forall x\,\phi x$, $\overline{\forall x\,\phi x} \Leftrightarrow \exists x\,\overline{\phi x}$）。だが、これは「男性」の論理とまったく同一である。「男性」の論理は、そもそも「矛盾」する全称肯定と特称否定の両立によって成立しているのであった。それゆえ、「男性」を構成する二つの命題をどのように否定しても、その論理（「男性」の論理）の外側に出ることはできない。

では、実際、すべての者は「男性」でしかないのだろうか。「すべてはファルス関数に規定される」（$\forall x\,\phi x$）のであってみれば、生物学的な男／女の差異も、社会的な男／女の差異も、その「すべて」の内部でのこととみなされる。それゆえ、「矛盾」を基礎にして全体を構築する「男性」の論理には、そもそも外部がない。だとすれば、われわれは結局そのように「男性」の論理にとらえられ、シニフィアンの秩序の中に享楽を求めることしかできないのか。ラカンは「量化子の否定」ということで外側の享楽の可能性を示す。「女性」は「男性」の論理を否定せず、ただその論理を存在へと適用することに対して疑義を申し立てるものになっているのである。

全称性否定・肯定命題（$\not{A}$）「ファルス関数に規定されるのはすべてではない」（$\overline{\forall x}\,\phi x$）は、例外者の存在を示す特称否定命題（O）「ある存在はファルス関数に規定されない」（$\exists x\,\overline{\phi x}$）ではない。

Ⱥは何らかの例外者を別様に主張するものではなく、単に「すべて」への適用に留保を求めるものになっている。特称性否定・否定命題（∅）「ファルス関数に規定されないものが存在するわけではない」（$\overline{\exists x\ \Phi x}$）もまた、決してA：「すべてはファルス関数によって規定されている」（$\forall x\ \Phi x$）と一致しない。例外者の存在の否定もまた、例外者の措定に留保を与えるだけで、「すべて」がシニフィアンの秩序の中にある、と肯定的に主張するものではないのだ。

　こうして「女性」は、いったん「すべて」の中に含まれながら「すべて」から逃れる特異な存在者として示されることになる。「女性なるもの」は、ラカンがいうように、「~~女性なるもの~~」と抹消線を引くことでしか表現できない何ものかとして示される。それは「一の線＝特徴」によって「すべて」の中に統合されながらも、抹消線を引かれて「すべて」から逃れるのである。

「女性」の享楽

　こうして、シニフィアンの秩序の外部に立つことで、「女性」は「大他者の享楽」を享受しうる可能性に開かれる、とラカンはいう。通常、シニフィアンの秩序に束縛されるわれわれにとって、大他者の享楽は不可能である。「大他者の享楽は存在しません。JȺ、大他者の大他者の享楽、それは大他者の大他者が存在しないという単純な理由から、不可能なのです」（S-XXIII, 56）。第三章3節で見たように［→一三〇頁］、「大他者の大他者」は斜線を引かれたかたちでしか機能せず、「存在」の秩序のうちに見出されるものではなかった。しかし、それはあくまでシニフィアンの秩序の中でのことである。「A［大他者］は、もちろん私たちによって斜線を引かれています。それは、しかしAについては、何も実在〔exister〕しないから斜線を引いて満足する、という意味ではありません」（S-XX, 78）。「大他者の大他者は存在しない」が、それは「存在」とは別の仕方で見出される、とラカンはいう。「女性」とラカンが呼ぶのは、この大他者と直接的な関わりをもとうとする者なのである。

女性は、この大他者のシニフィアンと関わります。それは、しかし、それが大他者〔Autre〕として、いつでもまったく他なるものである（＝大他者でしかない）かぎりにおいてです。みなさんは、大他者の大他者は存在しない、という私の言葉を思い出してくれると思います。大他者、すなわちシニフィアンによって分節化されるすべてのものがそこへ登録されにやって来るような場所〔lieu〕は、その根底において根源的にまったく他なるもの＝大他者なのです。そういったわけで、その〔女性がそこへ関わる大他者の〕シニフィアンが、括弧の中に横棒を引いた大他者を記すことになるのです。——S(Ⱥ)（S-XX, 75）

ラカンは、こうして「大他者の享楽」と呼ばれるものの可能性を示す。シニフィアンの秩序の中にありながら、抹消線を引かれることで浮かび上がる「~~女性なるもの~~」は、求めていた享楽を直接的に享受しうる立場に立つのである。しかし、それは実際どのようにして可能になるのか。「女性」を何らかの特権のようなものとして生物学的あるいは社会的な所与と考えるなら、それ以上議論の余地はない。だが、それはあくまでひとつの論理を示すものなのであった。だとすれば、それはいかにして可能なのか。その問いに答えるには、晩年のラカンが取り憑かれた結び目理論を紐解く必要がある。

2　ボロメオの環

すでに見たように、ラカンはセミネール第IX巻から（遡れば第V巻の年代から）数学における位相幾何学を積極的に援用していた。ルディネスコによれば、ラカンは一九五一年にはすでに数学者のジョルジュ＝テオデュル・ギルボー（一九一二―二〇〇八年）の知己になっており、表には出ないかたちで共同研究を進めていたとされる（ルディネスコ、三九一参照）。第四章で見たようなトポロジー論の展開は、あるいはこの数学者との共同研究に支えられていたのかもしれない。だが、トポロジー論の中でも、とりわけ結び目理論に強い関心を見せるようになったのは、一九七二年にボロメオ家の紋章を知ってからだといわれる（cf. ibid.）。三つの輪を重ね合わせた意匠で知られるボロメオ家の紋章は、三つのうちどれを切断してもバラバラになる特異な構造をもっている。ラカンは、そこに結び合わせの特殊性によってそれに対応する構造が形成される論理を見出したのである。

ボロメオの環＝シニフィアンの自己構造化

ボロメオ家の紋章は、三つの均一な輪を組み合わせたものから成っている。後にラカンは環を構成するそれぞれの輪を、「象徴的なもの」、「想像的なもの」、「現実的なもの」の三つを示すものと考えた。しかし、一九七一～七二年の『……ウ・ピール』と題されたセミネール第XIX巻で導入され、一九七二〜七三年のセミネール第XX巻『アンコール』で展開された最初期のボロメオの環の考察においては、まだそうではない。『アンコール』では、むしろボロメオの輪の数をn個に増やして一般化することが試みられていた。ラカンは、シュレーバー症例を引きながら、シニフィアン連鎖が意味をなす構造を示すものとして、ボロメオの環をモデル化しているのである。

この数学的ランガージュの特性は、ひとつの文字が欠けるだけで、他のすべての文字が、単にその配置に応じた価値を保ち続けられなくなるだけでなく、すべてバラバラになってしまうことを示しています。その点において、ボロメオの結び目は、私たちが「一」からしか出発できないことを示す最良のメタファーになっているのです。(S-XX, 116)

ボロメオのひとつひとつの輪は、ここでは「文字」を示すものとされている。「今や私は……」や「おまえがとりわけなすべきことは……」など、シュレーバーにおいては、途中まで口にされた言葉が失速し、意味をなす手前で途絶えてしまう。世界から意味が失われ、いかにして世界に十全な意味を回復するかということが、妄想体系の中でのシュレーバーの使命とされた。ここでは、そのようなシュレーバーの症状がボロメオの環が解《ほど》かれることとして捉えられている。シニフィアン連鎖が意味をなすためには、それぞれの輪が互いの関係の中でひとつの安定した構造をなさなければならない。シニフィアンが投げ出されるだけで意味にまで結実しないのは、シュレーバーのボロメオの環が解かれているからだ、とラカンはいうのである。

それゆえ、ボロメオの環がn個の輪によって構成されると考えることは、少なくとも『アンコール』までのラカンにおいては必然的だったといえる。ボロメオの環のひとつひとつの輪が「文字」であるなら、それはn個に拡張して捉える必要があるからだ。つまり、そこではボロメオの環の問題はシニフィアンの自己構造化の問題として捉えられている。次々に与えられるシニフィアンがいかにしてひとつの構造の中で意味を担うのか。ボロメオの環は、その論理を示すものとみなされたのである。

「共通尺度」としてのボロメオの環

だが、その後のラカンは、ボロメオの環を単にシニフィアンの構造を示すものとしてでなく、三つの領域の重ね合わせを示すものとして理解することになる。

前述のように、ボロメオの環を構成するひとつひとつの輪をシニフィアンと考えるだけなら、われわれはそこに「象徴的なもの」の構造しか見出せないことになる。自己構造化するシニフィアンが意味をなす構造を考えるためにも、単にシニフィアンの構造化だけでなく、意味が析出される場としての「シニフィカシオン」についても考えなければならないはずである。「クッションの綴じ目」は、第二章の最後で見たように、空虚なシニフィアンの連なりを「シニフィカシオンという常に浮動する塊」(S-III, 303／(下)一九〇)と結びつけるものとされていた。意味が成立するためには、シニフィエが切り取られる場として「シニフィカシオンの塊」が準備されている必要があったのだ。そこで「シニフィカシオン」と呼ばれるものが「想像的なもの」に属するものだとすれば(cf. S-III, 75／(上)一〇四)、「クッションの綴じ目」は少なくとも「象徴的なもの」と「想像的なもの」をつなぐ役割を果たしていた、といわなければならないことになる。

しかし、その「象徴的なもの」と「想像的なもの」の重なり合いにおいて、「現実的なもの」はどのように関わっているのか。エディプス・コンプレックスの過程で見たように、心的装置の構造化には常に三つの領域が関係していた。ボロメオの環を心的装置の構造を示すものと考えるには、ボロメオの環を三つの領域の重なり合いとして考える必要がある。

こうして、ボロメオの環は三つの領域に「共通尺度」を与えるものとみなされることになる。「現実的なもの、象徴的なもの、想像的なものという三つの項に共通の尺度〔commune mesure〕を与える唯一の方法は、それらをボロメオの結び目によって結びつけることなのです」(S-XXII, 1974.12.10)。ここで「共通尺度」といわれるものは、しかし通常の尺度のように三者に共通の基準をあてはめて比較するものではない。性質の異なるものを測るには、ふつうそれらを何らかの同一の観点から見る必要がある。だが、ボロメオの環において、三つを同一の観点から見るような外在的な視点は存在しない。三者はむしろ、互いに異なるものでありつつ、特異な仕方で重なり合っているのである。

図30の中で「象徴的なもの(S)」と「想像的なもの(I)」の重ね合わせが「意味(sens)」をなすことは見やすいだろう。今確認したように、それらは自己構造化するシニフィアンと蓄積するシニフィカシオンとの重なりとして理解される。「象徴的なもの」の領域において自己構造化するシニフィアンは、「想像的なもの」の領域において蓄積する「シニフィカシオンの塊」との重なりにおいて意味を見出すのである。

しかし、そうした「象徴的なもの」と「想像的なもの」の重なり合いは、「現実的なもの（R）」と離れて成立するわけではない。その重なり合いは、欲動が「対象a」を求める中で初めて成立するのであった。第四章の最後で見たように、「対象a」は、それが内的に排除されることで初めてシニフィアンに意味が与えられるものだった。現実的なものに属する対象aとの関係がなければ、「象徴的なもの」と「想像的なもの」の重なり合いは支えを失って崩れ去ってしまうのである。

「現実的なもの」に関わる二つの享楽

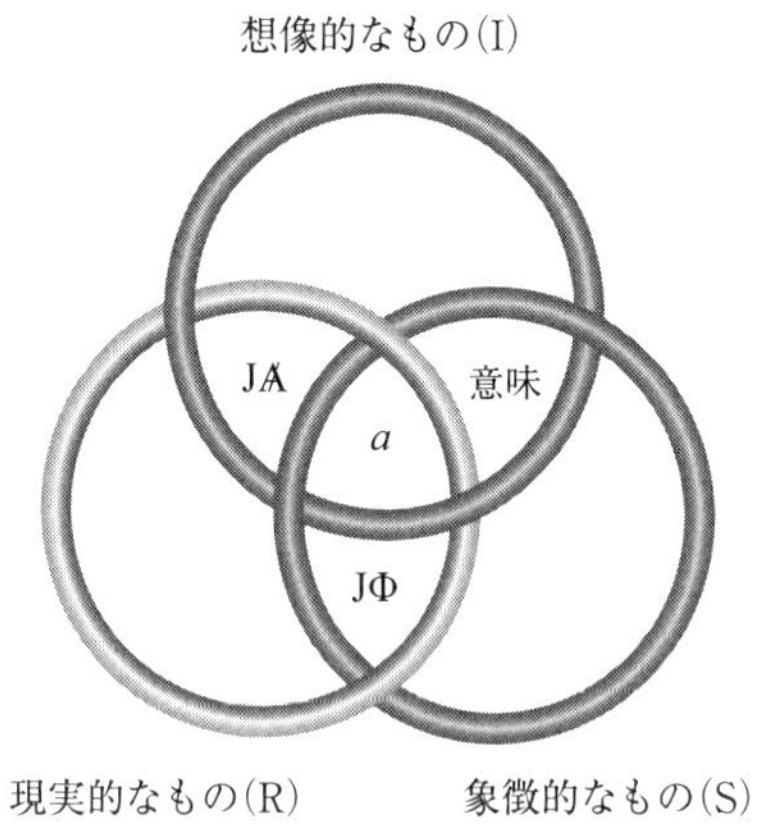

図30

さて、しかし「現実的なもの」は、単に「象徴的なもの」と「想像的なもの」の重なりの中だけで機能するのだろうか。われわれが意味の中に疎外されるかぎり、そうだといわなければならない。シニフィアンの秩序の中に自己を見出し、「すべて」の事柄の意味をその中で理解するなら、そこに外部は存在しないことになる。しかし、そうではない、とラカンはいう。図30に記されているように、三つの領域の絡み合いにおいて、すでに別様の享楽の可能性が示されているのである。

前節で見た「女性」の享楽が、そのひとつである。

「女性」はシニフィアンの秩序の外に「大他者の享楽（jouissance de l'Autre＝JA̸）」を見出しうるとされた。それはボロメオの環においても、「象徴的なもの」の外、「想像的なもの」と「現実的なもの」が重なり合う場所に位置づけられている。

「大他者の大他者は存在しない」が、それは存在するとは別の仕方で実在する。先にも引いたが、「A〔大他者〕は、もちろん私たちによって斜線を引かれています。それは、しかしAについては、何も実在〔exister〕しないから斜線を引いて満足する、という意味ではありません」（S-XX, 78）。第XX巻の文脈で「実在する（exister）」といわれていたものは、その後のセミネールでは「外‐在する（ex-sister）」と「外」を強調されて用いられる。「穴を穿《うが》つ現実的なものにおいて、享楽は外‐在します」（S-XXII, 1974.12.17）。「外‐在（l'ex-sistance）」は、そこで現実的なものの領域を特徴づける概念として用いられるのである（cf. S-XXIII, 36, 56, etc.）。

しかし、それとは別に、もうひとつ「ファルス的享楽（JΦ）」と呼ばれるものもボロメオの環に位置づけられている。ファルス的享楽は、セミネール第XX巻『アンコール』において「男性」の論理の中に位置づけられたものだった。ファルス的な享楽は「性的享楽」とも言い換えられ、「大他者としての大他者に関わらないもの」（S-XX, 14）とされた。「〔男性の〕ファルス的享楽は、まさにそれが享楽するものによって、女性の身体を享楽することから男性を遠ざけます」（S-XX, 13）。その文脈での「ファルス的享楽」は、意味の中に疎外される「男性」の享楽を示すもののように読める。

しかし、ボロメオの環の中に位置づけられたファルス的享楽は、意味とは別の領域に置かれている。ファルス的享楽が意味に束縛された「男性」の享楽を示すものだとすれば、この位置づけはどのように理解すべきなのだろうか。この点についてては、少し立ち入ってラカンの説明をたどっておく必要があるだろう。

「なぜわれわれは、これ〔「現実的なもの」と「象徴的なもの」との重なりにある享楽〕をファルス的享楽と呼ぶのでしょうか。なぜなら、そこには外‐在〔l'ex-sistance〕と呼ぶべきものがあるからです」（S-XXII, 1975.1.14）。こういいながら、ラカンはファルス的享楽が現実的なものに関わる場に置かれる理由をアリストテレスの論理学における「一切皆無の原理（dictum de omni et nullo）」を参照して説明している（cf. ibid.）。「一切皆無の原理」とは、全称命題で肯定／否定されたものは特称命題でも肯定／否定される、という論理学の規則を示すものである。例えば、三段論法の大前提に「すべての人間は死すべき存在である」が、小前提に「ソクラテスは人間である」が置かれる場合、直ちに結論として「ソクラテスは死すべき存在である」が導かれる。つまり、それは「すべて」についてあてはまるものはその部分についてもあてはまる、ということを示しているのである。ほとんど論理学の基本といってもいい事柄だが、ラカンはこの点を問題にする。すなわち、「普遍性は外‐在を含まないのです」（ibid.）。ラカンは、ここで全称命題には現実的なものが含まれないということで、ファルス的享楽の位置を説明しているのである。

ここで問題になっていることは、つまり先に見た「存在含意」をめぐるアプレイウスの論理表のアポリアである。全称命題による「普遍」の判断は、さしあたりは単なるシニフィアンの構造を示すものにすぎない。純粋に lexis の領域で語られることは、存在を含意しない。しかし、「象徴的なもの」がひとつの「全体」として閉じられるためには、「例外」を内的に排除することが不可欠である。例外が「外‐在」することで初めて、シニフィアンに秩序がもたらされるのだ。

すなわち、ここで問題にされているのは、「男性」の論理の例外の規定（＝「あるものはファルス関数によって規定されていない」）である。ラカンは、ここでファルス的享楽が現実的なものの中に置かれる理由を、例外に関わることに求めている。セミネール第XX巻のファルス的享楽に関する記述が、同じく「男性」の論理に関わる「すべてはファルス関数に規定されている」（$\forall x\ \Phi x$）に対応するものだとすれば、ボロメオの環のファルス的享楽は、「あるものはファルス関数に規定されていない」（$\exists x\ \overline{\Phi x}$）に対応する。ラカンにおけるファルス的享楽は「男性」の論理の二つの側面を示すものとして語られているのである。

このように考えるなら、ボロメオの環の享楽が「性別化の論理」に対応するものであることが見えてくる。意味の外に「外‐在」と関わる享楽は、それぞれ「男性」と「女性」の論理に関わるものである。「性別化の論理」もまた、晩年のラカンにおいて、ボロメオの環の中に位置づけられるものになっているのである。

しかし、それだけでは、あえて結び目理論が参照される必然性は理解できない。ボロメオの環が結び目としてもつ性質は、われわれの心的装置の構造の分析に、どのような光を投げかけるのだろうか。晩年のラカンは、実際、ほとんど取り憑かれるように結び目理論に熱中し、セミネールの演台上でも実際の紐を用いながら考えることを繰り返したといわれる。ボロメオの環は一般にボロメオ家の紋章のかたちで理解されるが、位相幾何学として問題なのは輪の関係だけである。結び目としてのボロメオの環は、それ自身、多様なトポロジー上の性質をもつのである。

ラカンの結び目理論は、さまざまな試行錯誤の中で繰り返し「抹消線」を引かれながら展開されるものであるため、その一般的なモデルを示すのは困難である。だが、まさにその中にこそ、別様の構造化の可能性が探られている。ボロメオの環のトポロジー上の性質が示唆しうる精神分析的な意義を、ラカンとともに探っていきたい。

無限直線＝輪

まず確認しておくべきは、ボロメオの環の関係だけに着目した場合、各々の要素が「輪」である必要はない、ということである。ボロメオの環を構成する「線」は、互いに交差する関係が維持されるなら、無限直線であってもよい（cf. S-XXII, 1974.12.10; S-XXIII, 32)。一九七四～七五年のセミネール第XXIII巻『R・S・I』の中で示された図31は、「現実的なもの（R）」と「象徴的なもの（S）」の線が「想像的なもの（I）」の輪によって結び合わされるボロメオの環を示している。「ここでは、二つの無限直線がひとつの紐の輪を縫うことでボロメオの結び目の特性が維持されているのが見て取れます。これがボロメオであるのは、次のひとつの条件によります。すなわち、二つの直線がただひとつの方法によってのみ交差する、ということです。」(ibid.)。Sの線を下、Rを上に引いたところで、Sの下、Rの上を進むようにIの輪を通せば、ボロメオの

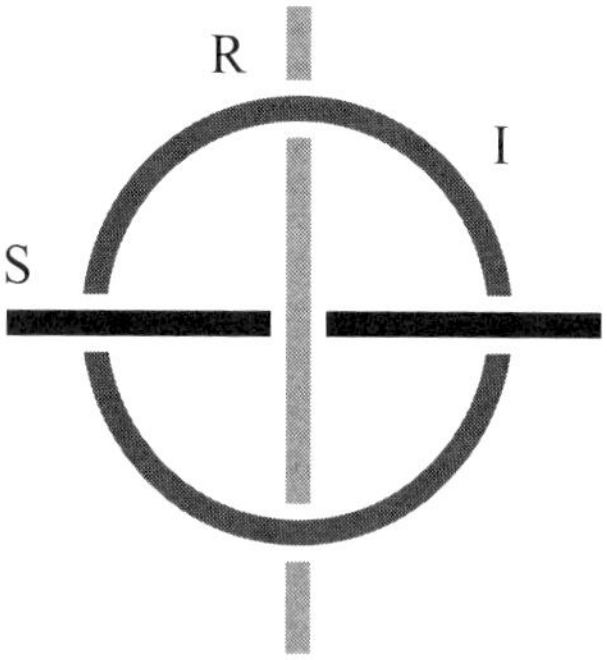

図31

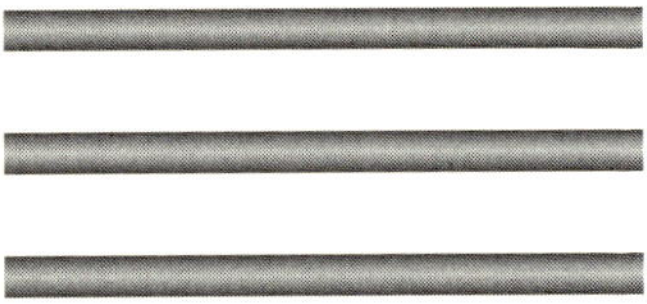

図32　無限平行線

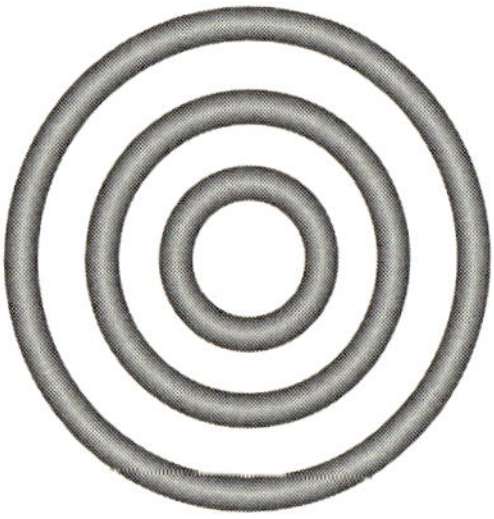

図33　無限遠点を内に含んだ形で示された無限直線

図34　天球儀のシェーマ

環が出来上がる。つまり、「象徴的なもの」、「想像的なもの」、「現実的なもの」は、ここでは固有の領域を画するものではなく、どのように他と交わるのかだけを問題にするものになっているのである。

　このことは、逆にいえば、ここでの「輪」とは無限直線の別様の表現にすぎないことを意味する。無限直線は、無限に延長されることで、それ以上の別の交差を他の線との間で作らない。そして、輪もまた、その線を無限に延長しても別様の交わりをもたない。輪とは、そこでは無限直線の両端を結び合わせたものとして理解されるのである。

　その観点から考えれば、例えば三本の平行線は、いかなる交差ももたないという観点からすると、三重の円と等しいことになる（図32、図33）。また、それは図34のように、惑星軌道図のような線によって示しても同じである（cf. S-XXIII, 33ff.）。これらの線は、すべて結び目としては等価なのである。

同じようにボロメオの環を記述すれば、どうだろうか。それは図35のようになるだろう（cf. S-XXIII, 36）。そこでは、「象徴的なもの」、「想像的なもの」、「現実的なもの」の三本の線が、他の線との間で互いに包含関係をもつように絡み合っているのがわかる。まず、青の輪によって示される「現実的なもの」の線は、「想像的なもの」（緑）の内側を常に通るものとして位置づけられている。そして、さらに「象徴的なもの」（赤）の線は、その両者を包む関係になっている。この関係を、われわれは認識の構造として理解できるだろうか。それ自体は認識されない「物自体」から現象が立ち現れ、われわれはそれらの関係（連合）を、まずは「想像力」のうちに見出す。しかし、それが「何か」として認識されるためには、概念の適用が不可欠である。例えば、カントにおいては、このように認識の構造の段階が示されていた。「象徴的なもの」、「想像的なもの」、「現実的なもの」の間の互いの包含関係を、そうした認識の構造を示すものとして理解することもできるだろう。しかし、その場合でも、そこで「全体」を覆うはずの「象徴的なもの」が、それ自身、もう一度、「現実的なもの」に包摂されている、という点を見る必要がある。そこでは、「象徴的なもの」の外側に「すべてではない」が残されている。それは、まさにボロメオの環において「大他者の享楽」

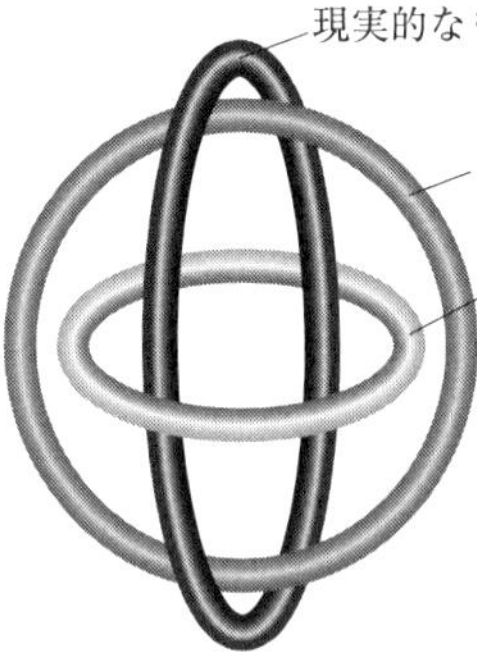

図35　ボロメオの環

が位置づく場所でもあった。ボロメオの環をなじみのかたちに戻せば、「象徴的なもの」の外側の「現実的なもの」の領域に「大他者の享楽」が見出されることがわかるだろう。

だが、このような構造は、ボロメオの環が内包する関係性のひとつの側面でしかない。トポロジーとして考えるなら、「R∧I∧S∧R」という順序は、この結び目の一側面を示すにすぎず、適切に変形を加えれば、任意の輪を上にした図35が得られる。ボロメオの環の関係性は、それぞれの観点から別様に記述されうるが、それらのどれもが「ボロメオ性」を示している、ということができるのである。

ボロメオの環と三つ葉結び目

ラカンはまた、ボロメオの環を折に触れて「三つ葉結び目」（図36）と呼ばれる構造体と同じ構造をもつものとしている（cf. S-XX, 111; S-XXIII, 19, 50, 86, 91, etc.)。「三つ葉結び目は、ボロメオの環から演繹されます」（S-XXIII, 91）とされ、その演繹の方法は次のように説明される。「ありふれた三つの形象（つまり、三つの輪）から成る結び目〔＝ボロメオの環〕から初めて、次のような方法でちょっとしたものを描くことができます。このように〔＝図37の点線のように〕切り取れば、いわばボロメオの環そのものであるようなものができるのです。切ったところをそのつどつなぎ合わせれば、言葉そのままの意味で結び目であるような形象〔三つ葉結び目〕ができるでしょう」（S-XXII, 1975.1.21）。こうして、ラカンは三つ葉結び目をボロメオの環そのものをなすものとみなすのである。

ボロメオの「ボロメオ性」が、つまるところ三つの線の交差関係に集約されるとすれば（図38）、ここでラカンが二つの構造体を等値しているのも、さほど奇異ではない。ラカンは、別の日のセミネールでは、三つの線の交差自体をボロメオの環とみなしているが（cf. S-XXII, 1974.12.10）、三つ葉結び目は、ボロメオの環を構成する三本の線の交差関係を維持しつつ、三つをひとつに縫合したものとみなすことができるのである。

この等値は、少なくとも二点において意味をもつと考えられる。ひとつは、ボロメオの環と「内8の字」との関係が示唆されることであり、もうひとつは、ひとつの線（例えば、象徴的なものの線）の道行きの中で他の領域との関わりを考えられることである。後者から見ていくことにしよう。

ラカンは、図39のような「開いた三つ葉結び目」によって、象徴的なものと他の領域との関わりを示している。また、ラカンによれば、この結び目は同時に精神分析のセッションにおける分析主体の無意識の構造の変化を示すものともされている。

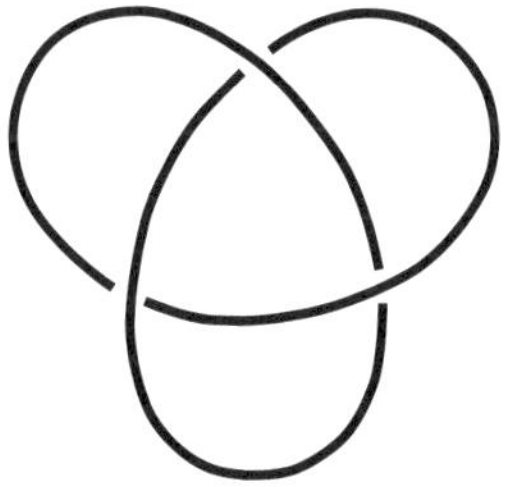

図36

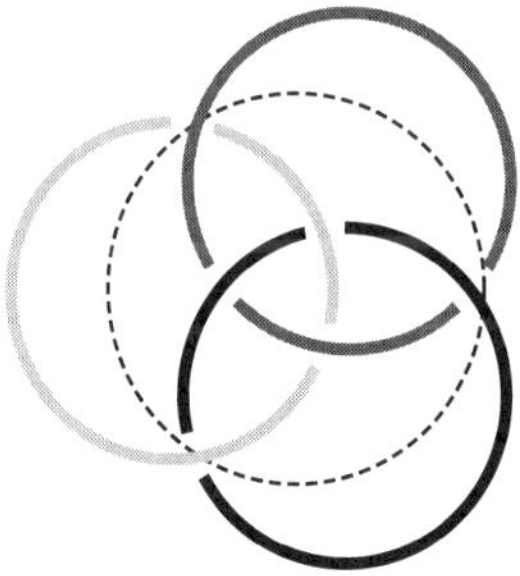

図37

図38

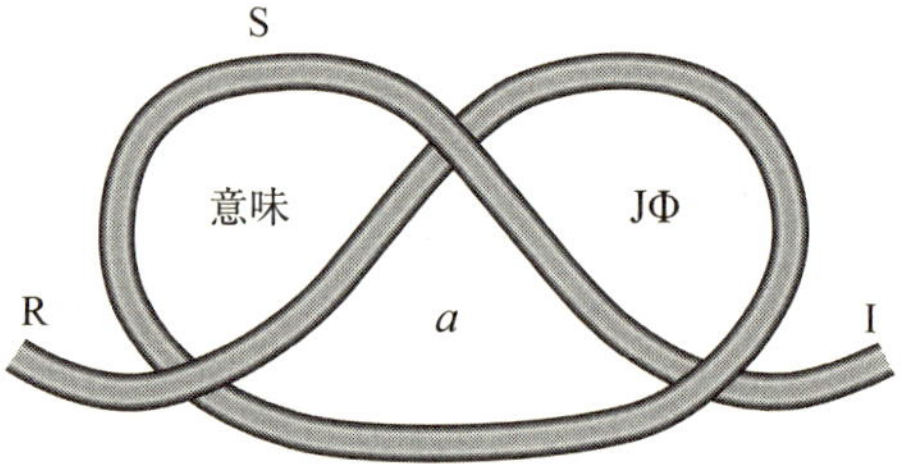

図39　開いた三つ葉結び目

この〔図39に示される〕結び合わせ〔épissure〕をすることで、同時にまた別の結び合わせをすることになります。象徴的なものと現実的なものの間の結び合わせです。つまり、われわれ〔分析家〕は分析主体に何とかして結び合わせることを教えるわけです。〔…〕われわれの操作を特徴づけているのは、このような享楽〔ファルス的享楽〕を可能にすることです。それは意味を聞く＝享楽〔j'ouïs-sens〕と私が書くことと同じです。それは意味を聞くこと〔ouïr un sens〕なのです。(S-XXIII, 73)

「分析家のディスクール」に見たように、精神分析のセッションは分析主体が自ら最初のシニフィアン（S_1）を産出することを企図するのであった。ここでは、その過程が三つ葉結び目とファルス的享楽の関係において語られている。ボロメオの環において、ファルス的享楽は「象徴的なもの」と「現実的なもの」との重なりにおいて見出されるものであった。ここでは、その構造が象徴的なものの線の道行きによって示されている。

では、まずこの線の左端から始まる道行きと考えてみよう。それは、まず現実的なものとの関わりにおいてファルス的享楽（JΦ）を見出す。ファルス的享楽は、「象徴的なもの」と「現実的なもの」

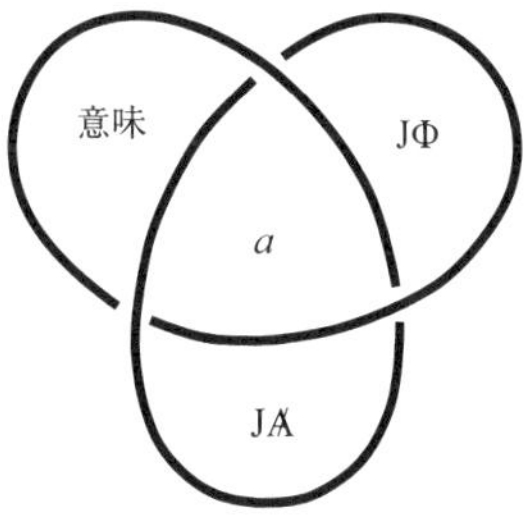

図 40

との重なり合いの場所に「例外」を措定することで見出されるのであった。シニフィアン連鎖として与えられるものが何らかの意味をもちうるには、最初に「空白」として例外を内的に排除することが求められる。「開いた三つ葉結び目」のシェーマにおいて、それは右上の膨らみによって示される。

ファルス的享楽の場所に例外が見出されることで「全体」が規定され、すべてのシニフィアンに意味が与えられることになる。その意味は、「象徴的なもの」と「想像的なもの」との重なり合いにおいて見出されるのであった。例外の地点から遡って、「象徴的なもの」が「想像的なもの」に重なり合う中で、意味が見出される。「開いた三つ葉結び目」のシェーマにおいては、左上の膨らみがそれを表すことになる。線の道行きは、ファルス的享楽から翻って、対象*a*を周回し、想像的なものとの関わりで意味をなす。それは、ラカンがいうように、教育分析において分析主体がたどる道でもある。「開いた三つ葉結び目」は、ひとつの線の道行きにおいて、その構造を示すものになっているのである。

そして、もしそこで「開いた三つ葉結び目」の両端を「象徴的なもの」の外で結び合わせれば、どうなるだろうか。われわれは三つ葉結び目を閉じた場所に「大他者の享楽」を見出すことになるはずである(図40)。三つ葉結び目は、こうしてボロメオの環を一本の線の中に記すものになるのである。

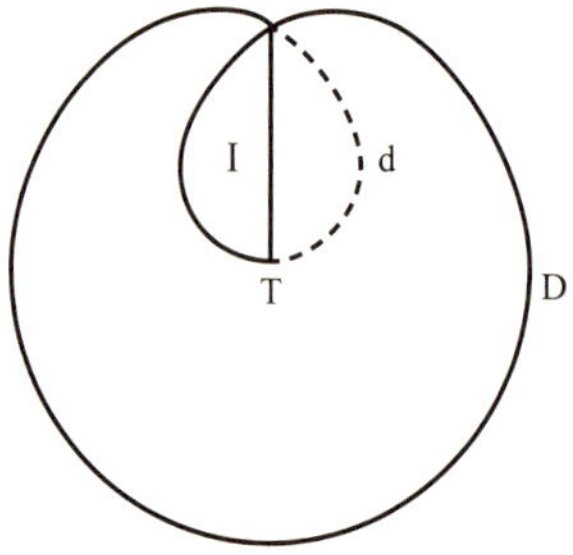

図41

三つ葉結び目と「内8の字」

三つ葉結び目は、また「内8の字」で問題とされた二重の重なりを三重へと拡張したものと見ることができる。「内8の字」のシェーマは、ラカンにおいて、ラッセルのパラドックスの構造を示すものであった。「矛盾」の領域にあるaが内的に排除されることで、シニフィアンに意味が見出されたのだ。三つ葉結び目のシェーマは、その「内8の字」の道行きが三重に絡み合うものになっている。この点を詳しく見てみよう。

セミネール第XI巻で、ラカンは「疎外と分離のトポロジー」を二つの輪の重なり合いとしてだけでなく、「内8の字」をなすものとみなしている（図41）(cf. S-XI, 244／三六五)。トーラス上のオイラー図の重なり合いと「内8の字」のシェーマとの関係は、第四章ですでに見た［↓一六五頁］。ラッセル集合をトーラス上のオイラー図として書くことで、われわれは「対象a」を内的に排除する「内8の字」のシェーマを得たのである。前章で見た疎外と分離のトポロジーもまた、セミネール第XI巻で「内8の字」を描くものとして描かれていた。

そこで「内8の字」は、精神分析のセッションにおいて「幻想（$\$\diamond a$）」を通り抜け、新たに見出された理念（$S_1$）の中に新たな自己を見出す過程を示すものとされる（cf. S-XI, 245／三六八）。分析家を「知っていると想定された主体（a）」とみなすことで、分析主体は「内8の字」の重なり合いに示される「矛盾」の領域に導かれる。その転移の中で、分析主体は新しい同一化の対象を自ら見出すことになるだろう。しかし、その道行きは「幻想（$\$\diamond a$）」を通過して、再び外側の円につながることを運命づけられている。疎外と分離は、そこでひと続きの道行きをなすものとみなされるのである。セミネール第XI巻のシェーマは、こうして分析主体の「パス」の道行きを示すものとされたのだ。

　同じ過程が「開いた三つ葉結び目」によって示されていたことを思い出そう。「開いた三つ葉結び目」もまた、分析主体が精神分析のセッションの中でファルス的享楽を見出し、新たな理念のもとに意味を見出す過程を示すものだった。その構造を「内8の字」に重ねて見れば、今や両者の関係は明白である。すなわち、三つ葉結び目においては、「内8の字」の内側の円がより深く、シニフィアンの秩序を越えて外に飛び出す構造をもっていることがわかる（図42）。三つ葉結び目の内側の輪は、「内8の字」のように、単に「矛盾」の中に「幻想（$\$\diamond a$）」を見出すのではない。そこで出会う対象 a の背後には、より深く、現実的なものが広がっている。その「現実的なも

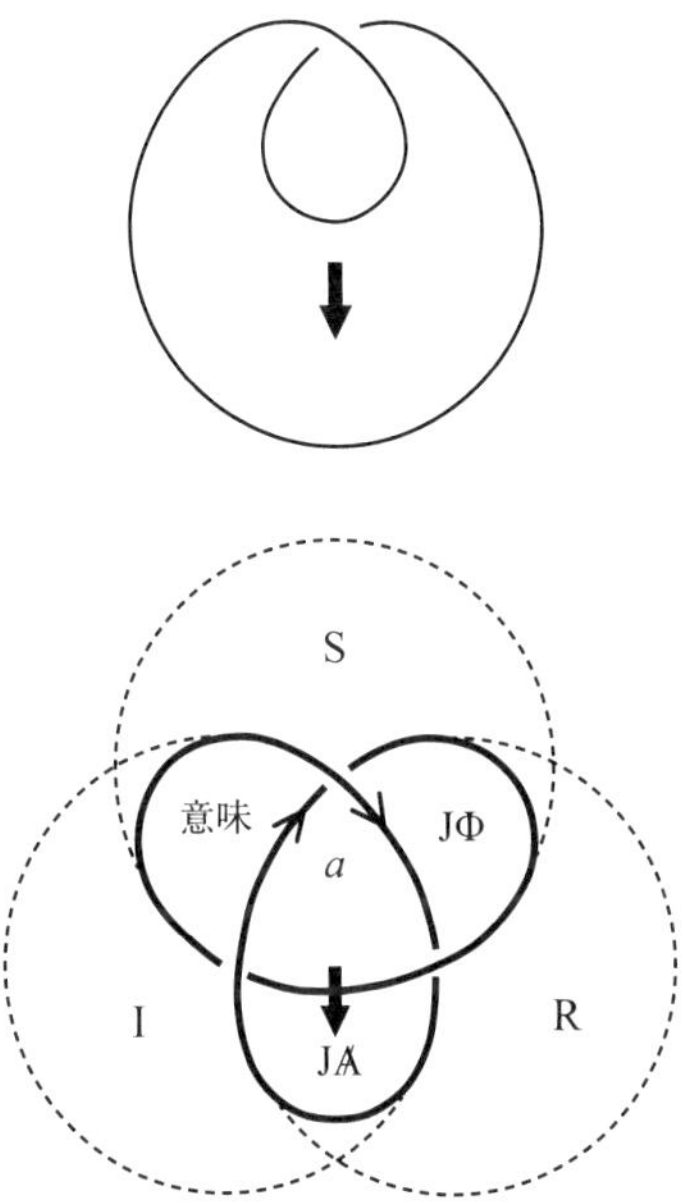

図42

の」は、「象徴的なもの」の外にまで達しているのである。ラッセルのパラドックスが「象徴的なもの」の成立の裏にある「現実的なもの」を示すものだったとすれば、三つ葉結び目が示すのは、その「外」である、ということができるだろう。三つ葉結び目の三重の重なり合いは、「内8の字」から進んで、「象徴的なもの」の外における「大他者の享楽」を示すものとなっているのである。

3　構造の生成——名指し・偽穴・サントーム

だが、結び目の可能性は、はたしてボロメオに限定されるのだろうか。前節までの検討で、ボロメオの環が「大他者の享楽」の可能性も含めて、言語を介して世界を認識するわれわれの心的装置の構造を説明しうることを見てきた。「象徴的なもの」、「想像的なもの」、「現実的なもの」の関係をボロメオの構造として見ることで、無意識において問題となる事柄をある程度まで可視化して論じることが可能になったといえる。だが、なぜ三つの領域は、まさにボロメオをなすように重なり合うのか。ラカンは問いを進めて、三つの領域の関係が成立する過程を詳細に描こうとする。トポロジーに基づきながら議論を展開する中で、ラカンは関係を成立させるために不可欠な「第四項」を問うのである。

例えば、「男／女」という互いに異質な二項があったとしよう（cf. S-XXII, 1975.5.13)。それぞれは自らの本性に即して（naturel）絡み合うわけではない。「男／女」という二項の絡み合いを考えるには、それがどのように関係するのかを、二項とは別に考えなければならない。そこでは、関係を示す第三項についての考察が必要となる（cf. ibid.）。同様に、ボロメオの環を構成する三つの輪の重ね合わせについても、「どのように」を示す第四項を考えることが必要である。「象徴的なもの」と「想像的なもの」、「現実的なもの」は、そもそもボロメオの環をなすようにできているわけではない。それぞれに本性を異にする領域の重なり合いを考えるには、その重なり合いを規定するものについての考察が必要となるだろう。ラカンは第四項も含めたボロメオの環を考えることで、その「正常ではない」構造も演繹しうるボロメオの環の一般理論を練り上げようとする。

「名指し」と「指示対象」

第四項は「名指し（nomination）」によって成立する、とラカンはいう。その後、すぐ次の年のセミネールでは「サントーム（sinthome）」と言い換えられており、一般にはそのほうが知られているが、ラカンの企図を理解するには、「名指し」と呼ばれるものの内実を見ておく必要がある。

「名指し（naming / nomination）」とは、ラカンがいうようにクリプキの固有名論を参照するものだった。クリプキは「固有名は確定記述の束に還元しうるか」という問題系の中で、その概念を用いている。フレーゲやラッセルの「記述理論」によれば、例えば「ウォルター・スコット」という固有名は、F：『湖上の美人』の作者である」といった確定記述によって代替できるとみなされた。F(x)を満たすようなxがただひとつだけ存在するような場合、『湖上の美人』の作者」は「ウォルター・スコット」という固有名と同値である。そこでは、「正しく使われた固有名は、実は短縮または擬装された確定記述にほかならない」[2]という考えに基づいて命題を関数で表現する試みがなされたのである。

クリプキはしかし、固有名は確定記述には還元しえない、と批判した。われわれは、ウォルター・スコットを『湖上の美人』の作者とした上で、なお彼が『湖上の美人』を書かなかったという可能世界を想定できる。そこで、もし「ウォルター・スコット」という固有名が「『湖上の美人』の作者」と置換可能だったとすれば、「『湖上の美人』の作者は『湖上の美人』を書かなかった」という命題が成立することになるだろう。しかし、「ウォルター・スコットは『湖上の美人』を書かなかった」という命題は可能性の記述として有意味な文であるのに対して、「『湖上の美人』の作者は『湖上の美人』を書かなかった」という命題は端的に矛盾である。クリプキは、こうして固有名は確定記述に還元しえない「剰余」をもつとした。そして、剰余を含んだ固有名は「名指し」によってしか示しえない、と主張したのである。

だが、そのような「名指し」とは、実際にはどのようなことをしているのだろうか。クリプキによれば、固有名は、さまざまにありうる可能世界を通じて同一の対象を示す「固定指示子」とみなされた。「ニクソン」は、一九六八年の選挙で米大統領に選ばれなかったかもしれないが、それでも彼が「ニクソン」でなかったかもしれないとはいわない。あるいは「彼が「ニクソン」と呼ばれなかったことはありうるかもしれない」[3]（強調は引用者）が、それでも何らかの仕方で可能世界にまたがる「固定的な指示」がなされる、とクリプキはいう。実際に与えられる固有名もまた可能性のひとつにすぎないとしても、何らかの固定的な指示は現に実際にされる、とクリプキはいうのである。そして、そのような固定的な指示の付与が「名指し」と呼ばれるものだったのだ。

しかし、実際に与えられる固有名さえ可能性のひとつに還元されてなお同一であり続ける指示対象とは、実際何なのか。そこでは、すでにシニフィアンの秩序の外部が問題となっている。具体的な固有名によっても指し示されない「何ものか」は、そこで象徴的なものによる記述を超えて「名指し」されているのである。

ラカンは、このようなクリプキの「名指し」を「想像的名指し」と呼び、ボロメオの環の関係を成立させる第四項のひとつとしている（cf. S-XXII, 1975.5.13）。すなわち、可能世界を通じて同一の指示対象が存在すると考えること（＝想像的名指し）それ自体が、「象徴的なもの」、「想像的なもの」、「現実的なもの」という三つの異質な領域をある仕方でつなぎ合わせている、とラカンはいうのだ。

実際、可能世界を通じて同一である指示対象は、「名指し」を行うことを離れて存在するものではない。しかし、ともあれ何らかの仕方で名指されることで、それは想像可能なあらゆる可能世界にまたがって存在するものとして語られる。名指しによって示される指示対象は、そこで「象徴的なもの」、「想像的なもの」、「現実的なもの」の関係をある仕方で支えるものになっているのである。だが、そこでの「ある仕方」とは、実際にはどのようなものなのだろうか。

「偽穴」について

ラカンによれば、「名指し」の方法の特性は、第四項の輪の配置に基づくとされる。それぞれに独立した三つの輪の関係を規定する方法のひとつとして「想像的名指し」がある、とラカンはいう。

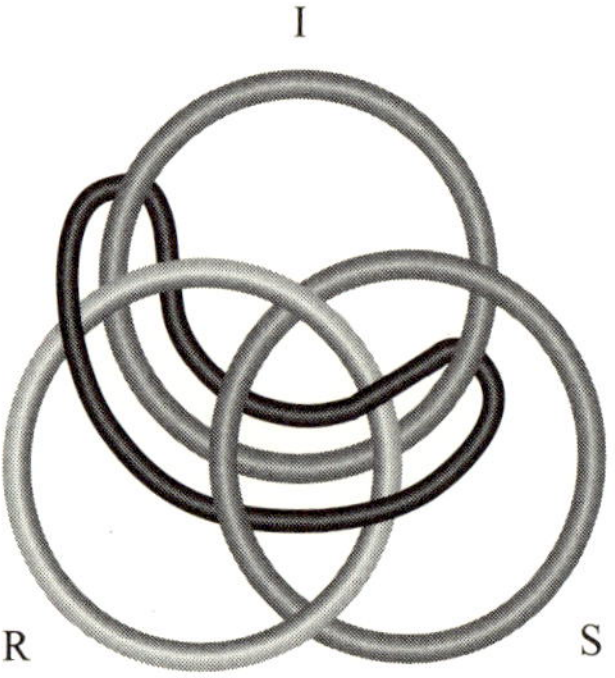

図43

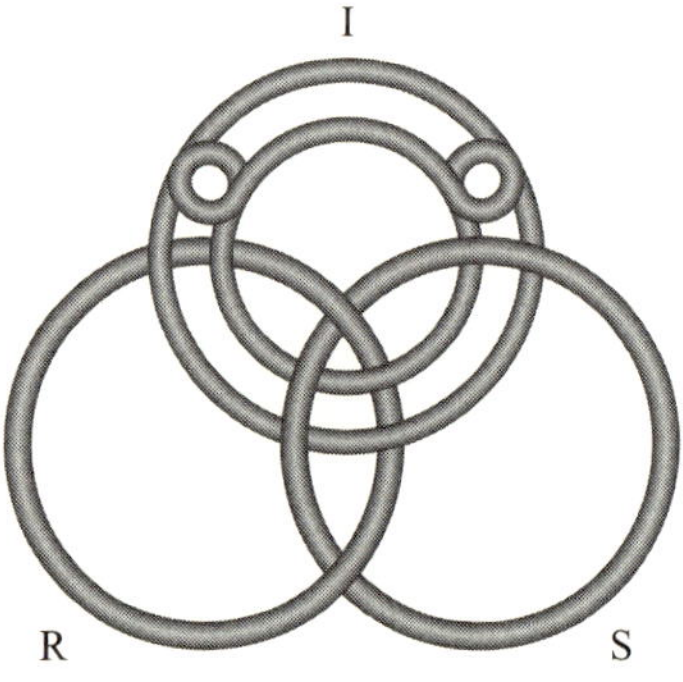

図44

まず「象徴的なもの（S）」、「想像的なもの（I）」、「現実的なもの（R）」のそれぞれが互いに絡み合わずに独立した輪をなしている状態を考えるところから始めよう。その三つの輪の間を縫って第四の輪を通すことで、三つがボロメオの環の関係に組み合わされる。図43は、そのひとつの方法を示している。そこでは、第四の輪が「想像的なもの」の縁に沿って補われているのがわかるだろう。第四項と「想像的なもの」の関係をより見やすくするためにこれを変形すれば、図44が得られる。これは先のものと同じ結び目であるが、ここでは「想像的なもの」と第四項が「偽穴（le faux trou）」と呼ばれる関係をなしているのである。

「偽穴」とは、実際に絡み合っていない二つの輪があたかも二つでひとつの輪をなしているように見える関係を指す（図45）。このとき何もなければ、二つの輪はそのまま解《ほど》けてしまう。二つの輪はそもそも絡み合っておらず、二つでひとつの輪をなすように見えるのは単に見せかけでしかない。

しかし、この「偽穴」は、中にひとつ線が引かれるだけで「真穴（le vrai trou）」になる（図46）（cf. S-XXIII, 24f.）。ある意味で当たり前のことではあるが、実際には絡み合っていない二つの輪は、他との関係の中では解けずに維持されるのである。

第四項と「想像的なもの」によって構成される偽穴が、あたかもひとつの輪のように他の二つと絡み合うことで、ボロメオの環が出来上がる。「象徴的なもの」、「想像的なもの」、「現実的なもの」の三つの輪は、それぞれに独立しながら、「想像的なもの」が第四項と偽穴をなすことで、互いに関係を結ぶことになるのである。

「想像的名指し」と「制止」

ラカンは、この偽穴の形成が「名指し」だとする。興味深いのは、この偽穴による第四項の付加が「斜線を引くこと」と同義で用いられている、という点である。

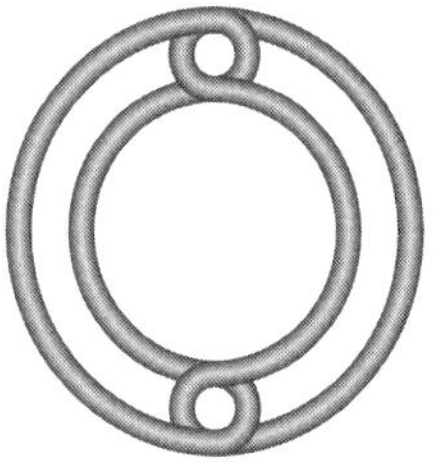

図 45　偽穴

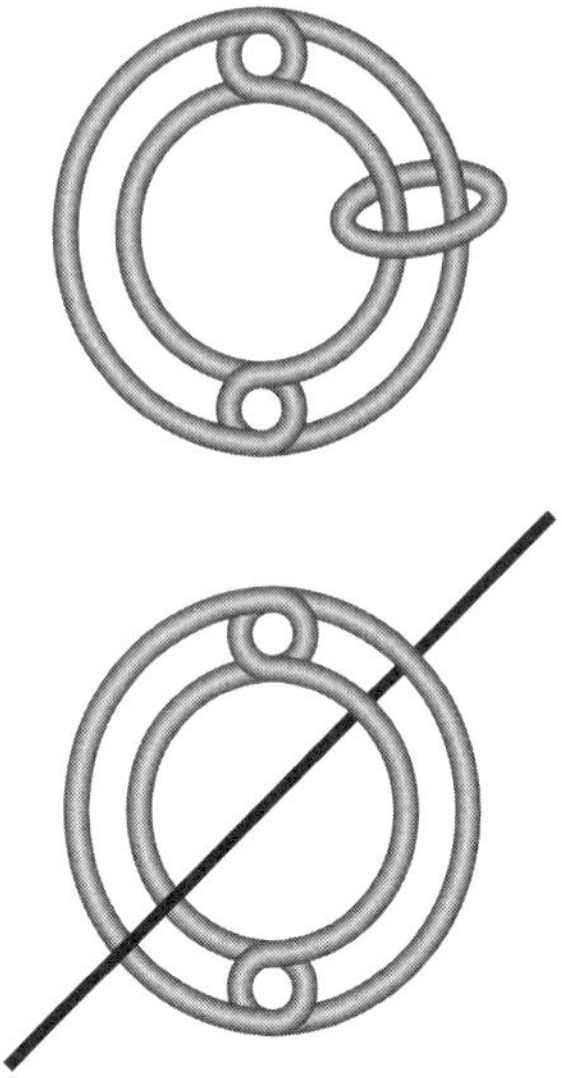

図 46

想像的名指しは、まさに今日、直線ということで私が語ったことを示していると申し上げましょう。それは、ひとつの輪と直線から成る輪〔＝偽穴の輪〕における直線です。その直線は、想像的なものに属する何かを名指すものではなく、まさに斜線を引くもの〔ce qui fait barre〕、あらゆる指示的なもの〔tout ce qui est démonstratif〕の操作を制止するもの、つまり象徴的なものとして分節化されるすべてのものの操作を制止するものであるということです。斜線を引くことは、想像的なもの自体の水準で行われます〔…〕この直線が偽穴をなすのです。（S-XXII, 1975.5.13. 強調は引用者）

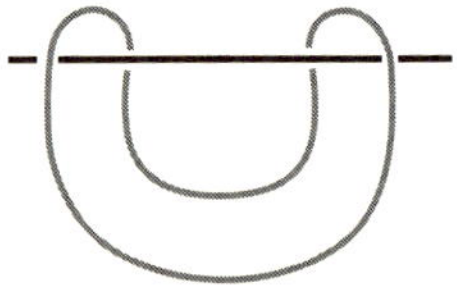

図 47　斜線を引く

難解な引用であるが、ひとつずつ解きほぐしていこう。まず「斜線を引く（faire barre）」という言葉は、「斜線を引かれた主体（$\not S$：S barré）」のように、ラカンにおいて重要な意味を担わされる語であることを確認しておく。ここでは「想像的名指し」と呼ばれるもの自体が、想像的なものの水準で斜線を引くこと（そして、それによって「想像的なもの」との間に偽穴を作ること）とされている。想像されうるさまざまな可能世界をまたがって同一の対象を名指すことは、まさに「斜線を引」き、ある機能の作動を制止することにほかならない、とラカンはいうのである。そして、そこで制止されるものは、「あらゆる指示的なものの操作」、「象徴的なものとして分節化されるすべてのものの操作」だといわれている。

「制止（inhibition）」とは、特定の機能が不全になることを示す精神分析の概念であった。フロイトは『制止・症状・不安』（一九二六年）において、混同されがちな三つの障害の現れ方を区別している。「制止」とは、フロイトにおいて、意識と無関係な領域で機能する自我が、神経システム全体を危機にさらすような過剰なエネルギーを制御する目的で、無意識のまま特定の機能を不全にすることを意味していた。器質的な原因なく歩行が困難になったり、ピアノを弾くときにだけ指を動かすことができなくなったりするなどの局所的な運動機能が抑制されるのは「制止」の働きであり、メランコリーなど全体的な機能が低下することも「制止」という概念で説明される（cf. Freud XIV, 114ff.）。

つまり、「制止」とは、ある機能を抑制することでシステム全体の均衡を得る機制だということができる。そして、ここでラカンが「制止」の対象としているのは、「あらゆる指示的なもの、象徴的なものとして分節化されるすべてのものの操作」である。その「操作」を抑制することでボロメオの環の関係が維持される、とラカンはいうのである。

では、ここで「制止」の対象としている「操作」とは、具体的にはどのようなものを指すのだろうか。文脈となっている固有名論に立ち返ることで、それはおのずと明らかになる。先に見たように、指示対象は、さまざまな記述がそれについて与えられる命題の核でありながら、それ自体はシニフィアンの秩序の外にあるものだった。それゆえ、指示対象は「名指し」によると考えなければ、象徴的なものの秩序を考えられないということになる。しかし、それは象徴的なものに空いた穴を「名指し」という概念で想像的に補填することにほかならない。「名指し」によって「象徴的なものとして分節化されるすべてのものの操作」を制止することで、象徴的なものの穴が想像的に塞がれ、ボロメオの環が成り立つことになるのである。

こうして、「想像的名指し」、すなわち「制止」は、ラカンにおいて、「想像的なもの」において斜線を引いて偽穴をなすこととみなされることになる。そして、その斜線の効果は「象徴的なもの」に現れる。「制止」が「想像的なものの象徴的なものへの効果」といわれるのは、そのためである（cf. S-XXII, 1974.12.10）。図48において「象徴的なもの」の上に「想像的なもの」が重ねられた周縁に「制止」が示されている。

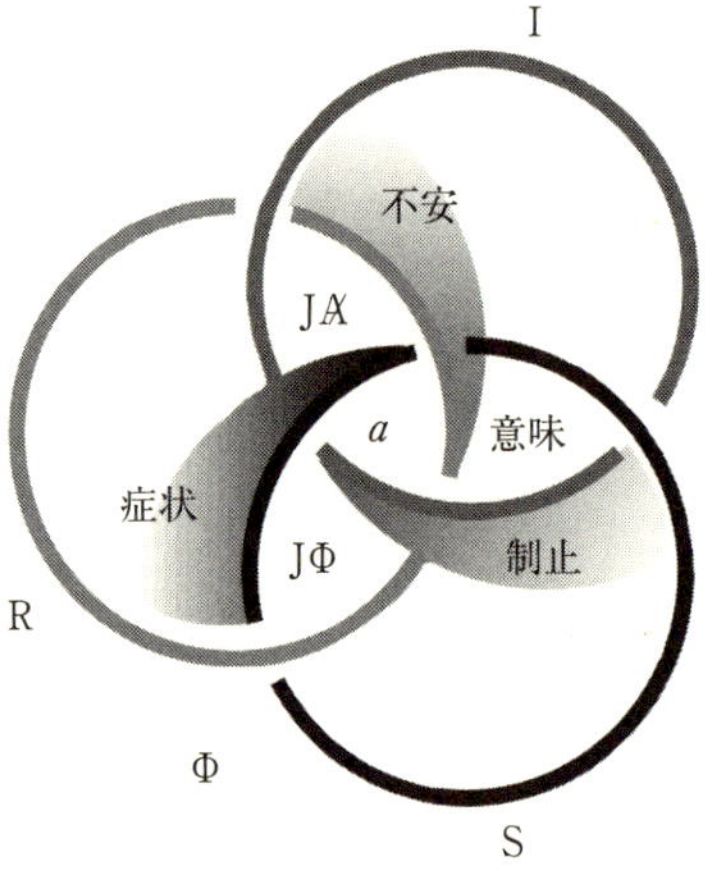

図48

ラカンはまた、「象徴的名指し」を「症状」と、「現実的名指し」を「不安」とし（cf. S-XXII, 1975.5.13）、それぞれを「象徴的なものの現実的なものへの効果」（＝症状）、「現実的なものの想像的なものへの効果」（＝不安）とする（cf. S-XXII, 1974.12.10）。それを記せば、図48のようになるだろう（cf. ibid.）。一九七四〜七五年のセミネール第XXII巻『R・S・I』の主題のひとつは、ボロメオの環における「制止・症状・不安」のあり方を示すことだった。ラカンによれば、フロイトが『制止・症状・不安』で区別した三つの障害は、それぞれ異なる領域の「名指し」の効果とされるのである。「現実的名指し」といわれる「不安」についての奥行きの深い議論について、本論で立ち入って検討することはできない。だが、問題になっていることを簡潔に理解するための材料は、すでに与えられている。というのも、第三章2節で見た「剥奪」は不安を生起させるものだったからだ〔↓一一頁〕。心的装置は「威嚇する父」を召喚することで、恣意的な母のシニフィアンを統《す》べる「全体」を求める。心的装置は、そこで気まぐれな「母」の秩序の危機に際して、新しい構造化を模索する中で「威嚇する父」を召喚するのである。つまり、「威嚇する父」によって生み出される不安は、それ自体、心的装置をある種の仕方で構造化しようとする欲動の機能の帰結になっている。そこで「不安」は、現実的なものにおける穴を塞ぐものとして現れているのである。「不安」が「現実的名指し」といわれるのは、それによって「象徴的なもの」、「想像的なもの」、「現実的なもの」の関係が規定されるからだ、ということができるのである。

では、残された「象徴的名指し＝症状」とは、どのようなものだろうか。それは、一九七五〜七六年のセミネール第XXIII巻『サントーム』全体の主題として検討されることになる。

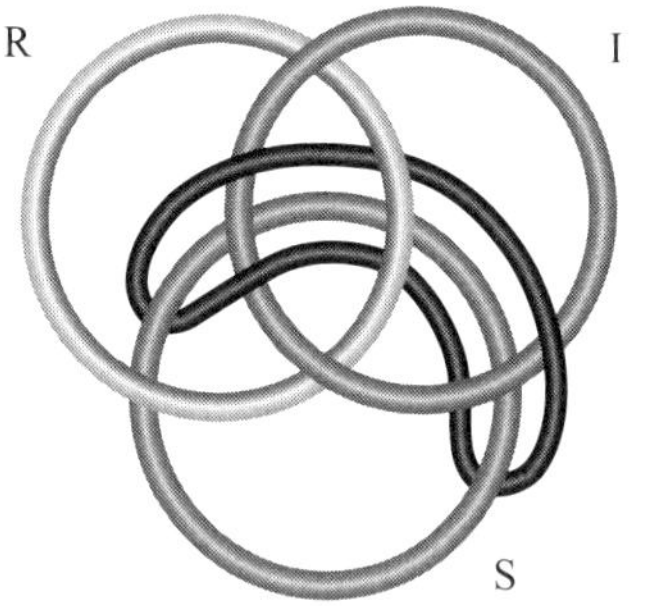

図49

サントーム

「サントーム」を第四項とするボロメオの環としてラカンが示したのは、図49だった（cf. S-XXIII, 20)。これは、すぐ前に見たように、「象徴的なもの」を偽穴によって構成するボロメオの環を示している（先の例は「想像的なもの」との偽穴だった）。「象徴的なもの」に沿って補われる第四の輪は、象徴的なもの

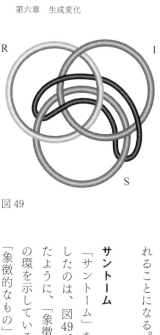

との間に偽穴の関係をなしていることがわかる。これが「象徴的名指し」と呼ばれるものに対応することは、すでに見た。「サントーム（sinthome）」とは、ラカンのいうように「後に症状〔*symptôme*〕と呼ばれるようになるものの古い書き方」（S-XXIII, 11）を示している。「サントーム」とは、それゆえ「症状」として現れる「象徴的名指し」を意味するものと考えられるのである。

しかし、ラカンがセミネールで具体的な分析の対象にしたのは、ジェイムズ・ジョイスであった。ラカンは、そこでジョイスという具体例によって「象徴的なもの」による補塡のあり方を見ようとする。われわれもまた、その具体例に即して構造を見ることにしよう。ジョイスから引く。

The fall (bababadalgharaghtakamminarronnkonnbronntonner-ronntuonnthunntrovarrhounawnskawntoohoohoordenenthur-nuk!) of a once wallstrait oldparr is retaled early in bed and later on life down through all christian minstrelsy. 〔転落《てんらく》（ババババベラガガラババボンプティドッヒャンプティゴゴロゴロゲギカミナロンコンサンダダンダダウォールルガガイッテヘヘトールトルルトロンブロンビピッカズゼゾンンドドーッフダフラフクオオヤジジグシャッーン！）、旧魚留街《きゅうウオルがい》の老仁《ろうじん》の尾話《おはなし》は初耳《しょじ》には寝床《ねどこ》で、のちには命《いのち》流《なが》くキリシ譚吟遊史《タンぎんゆうし》に語《かた》り継《つ》がれる。[4]〕

『フィネガンズ・ウェイク』（一九三九年）のジョイスは、このように既存のシニフィアンを分解し、規則性の外側から新たにシニフィアンを措定することを繰り返す。“bababadalgharaghtakamminarronnkonnbronntonner-ronntuonnthunntrovarrhounawnskawntoohoohoordenenthur-nuk!” や “wallstrait”

といった語は、確かに既存の単語（gargarahat（雷：ヒンドゥスターニー語）／ukkonen（雷：フィンランド語）／tonnerre（雷：フランス語）／tuono（雷：イタリア語）／trovão（雷：ポルトガル語）、Wallstreet（ウォールストリート）／strait（苦境））の原型をとどめてはいる。だが、ジョイスのテクストでは、何らかの確定したラングを参照して、そこから意味内容（シニフィカシオン）を引き出すことが企図されているようには思われない。そこで示されるシニフィアンは、むしろほとんど「無意味」を際立たせる、とさえいえよう。既存の語によって何らかのシニフィカシオンが喚起されるにしても、それは意味として安定した場所を確保する手前で宙づりにされている。「象徴的なもの」と「想像的なもの」との重なりによって確保されているはずの意味は、ジョイスを読む場合には通用せず、それぞれのシニフィアンを構成する語が見出されたとしても、そこには常に何か異なるものが指し示されているように思われるのである。

なぜジョイスはこんなにも読みづらいのでしょう。それはなぜか、考えてみなければなりません。おそらく、それはジョイスがわれわれのうちに何の共感も引き起こさないからです。

（S-XXIII, 151）

こういいながら、ラカンはジョイスにおける「共感」の欠如を想像的なものの「滑落」とみなす。「大文字のＩ（想像的なもの）は、もはや立ち去るしかありません。それは滑り落ちます。まさにそれは、ジョイスがこっぴどくやられた後に痛烈に味わったものです。大文字のＩが滑り落ち、想像的な

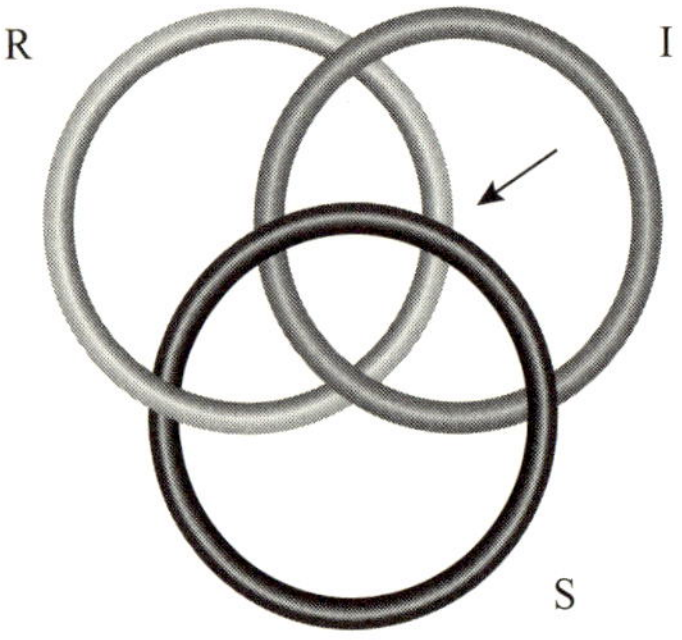

図50

関係が場を失うのです」(ibid.)。ラカンが図示するジョイスのボロメオの環（図50）においては、「想像的なもの」だけが他の輪と絡み合っていない。そこでは、「象徴的なもの」と「現実的なもの」は互いの関係をもっているものの、「想像的なもの」は、その関係の外、構造的に外れ落ちる関係に置かれているのである。

「想像的なもの」の滑落は、しかしジョイスにおいて特異な仕方で第四項が補塡されることで防がれるという。「ジョイスの自我」と呼ばれるものがひとつの「症状」として補われることで、ジョイスのテクストは「想像的なもの」との関係をかろうじて維持している、とラカンはいうのである。

「ジョイスの自我」は、ラカンの図において、「象徴的なもの」と「現実的なもの」とだけ絡み合うものとして示される（図51）。「想像的なもの」は、それらの関係の中に挟まれることで、かろうじて滑落せずに維持される状態にある。ジョイスのテクストに見出されるものは、まさにこのような関係性だとラカンはいうのである。

実際、ジョイスのテクストにおいて意味の支えになっているのは、読者との共有が必ずしも前提とされない世界各国の言語であった。さまざまな言語体系から言語を借用してテクストを編むジョイスの念頭に、これらすべてに精通しているはずの読者の姿があったとは考えにくい。つまり、ジョイスは教養溢れる知をもった読者など想像していない。ジョイスにとって重要なのは、むしろそれらの語を用いて、いかに直接的に現実的なものを指し示しうるか、ということだったと考えられる。つまり、ジョイスは、「象徴的なもの」と「現実的なもの」の重なりにおいて、新しいシニフィアンを創設すること、すなわち「ファルス的享楽」を生起させることを目指してテクストを紡いでいる、と考えられるのである。

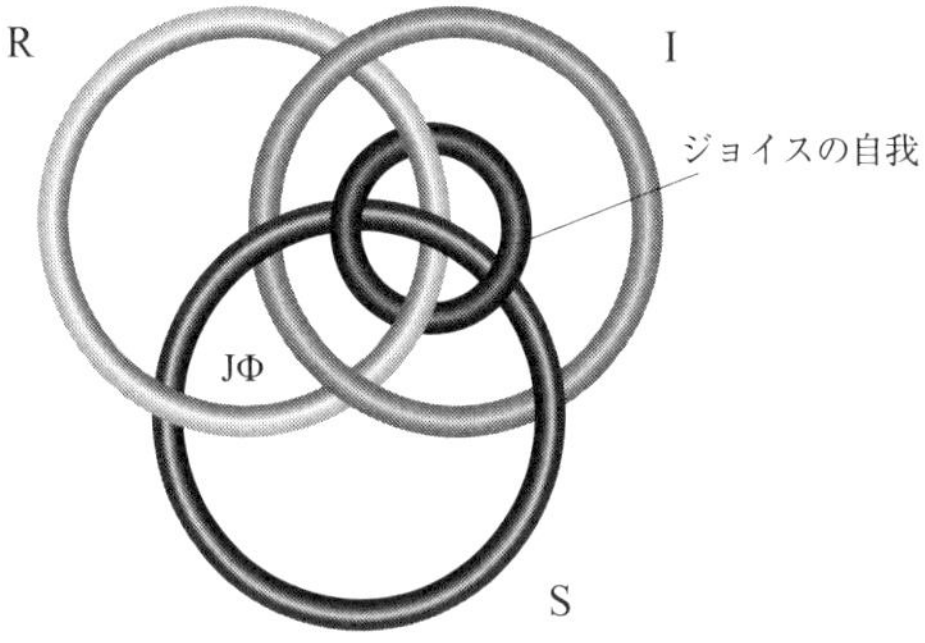

図 51

ジョイスを読む者は、そのファルス的享楽の支えによって展開されるテクストに出会うことになる。あらためてジョイスのテクストを読んでみよう。「何の共感も引き起こさない」テクストでありながら、「しかし、ジョイスはわれわれのうちに何かを引き起こさないでしょうか」(S-XXIII, 151)。ラカンによれば、その「何か」とは「ジョイスの自我」に起因するもの(cf. ibid.)、すなわちジョイスに固有のファルス的享楽である。「ジョイスの自我」と呼びうる異質性に触れることで、われわれは言葉と意味と現実をめぐる問題の本質に触れる。そこで、われわれはボロメオの環の別様の構造化の可能性に開かれるのである。

一九八〇年一月五日付で、ラカンは一九六四年に立ち上げたパリ・フロイト派の解散を宣言する文書を会員に送った。「すべてが拘束から解放されるために、ある者が立ち去るだけで十分だとしたら、それは私だ。各人にとって真であるボロメオの結び目において、私の学派では私がそれにあたる」(AE, 317)。こうして、ラカンはパリ・フロイト派というボロメオの環の結び目を解いた。しかし、解散通知は同時に新しい学派の設立の呼びかけでもあった。「フロイトの大義」を守るためには、新しい学派が作られなければならない。その新しい学派(「フロイトの大義派」)は、一九八一年一月、ラカンの遺産を引き継いだ娘婿のジャック゠アラン・ミレールを中核として設立されることになるだろう。しかし、ラカンは同年九月九日、かねてから患っていた癌にともなう腸閉塞の治療中に亡くなる。

ラカンが去った後のボロメオの環は、どのような構造化の可能性をもつのか。——問いはなお開かれている。

註

[第一章]

1 ジャン・アルーシュの著作に寄せたアンジューのあとがきを参照。Cf. Jean Allouch, *Marguerite ou l'Aimée de Lacan*, Paris: EPEL, 1990, p. 551.

2 Ernst Cassirer, *Das Erkenntnisproblem in der Philosophie und Wissenschaft der neueren Zeit*, Bd. 1, Berlin: Bruno Cassirer, 1922, S. v.

3 「ωニューロンは完全な現状復帰をともなって十全に透過的であるという想定だけが、〔意識の〕内容の交替、意識の移ろいやすさ、同時に知覚された質同士が容易に結合することに合致する。ωニューロンは知覚器官のように振る舞うのであって、ωニューロンの場合も記憶があっては困るのである」（Freud Nb, 402）。

4 次章で見るように、言葉の適用が妥当するという感覚は、「クッションの綴じ目」における「確信」に基づくと考えられる。

5 Elisabeth Roudinesco, *Histoire de la psychanalyse en France*, tome 2, Paris: Fayard, 1994, pp. 47f.

[第二章]

1 エミール・バンヴェニスト『一般言語学の諸問題』岸本通夫監訳、みすず書房、一九八三年、五五頁以下。

[第三章]

1 「「もの〔das Ding〕」とは、排除された内部、「草案」と同じ言葉を使えば、内部において排除されたものです。何の内部でしょう。それは、まさしくこの次元で「現実自我〔Real-Ich〕」と名づけられた内部です。この「現実自我」とは、心的組織の最終的な現実的なものです。現実的というのは、仮説的に理解されるものですが、それはそこで「快楽自我〔Lust-Ich〕」が必然的に想定される、という意味においてです。その快楽自我において、心的組織化が、すなわちψという構造体の最初の下書きが出現するのです」(S-VII, 121／(上)一五二)。

2 「疎外」という概念について、詳しくは本書の第五章1節を参照。

3 「呼びかけ」とは、ラカンにおいて「象徴的秩序の端緒」を与えるひとつの「区切り」であるとされ、「区切り」は「それによって現実的対象との関係とは異なる要素を引き出せるもの」(S-IV, 68／(上)八二)とされている。つまり、「呼びかけ」といわれているものは、欠如を穿たれた幼児の心的装置が「満足」の実現を得るための導きとして「象徴的なもの」を参照することを意味すると考えられる。

4 フロイトは一九歳になったハンスに出会った際、彼の症例を読み上げてもまったく思い出せないくらいに自らの恐怖症の体験を完全に忘却してしまっていたといわれる。そして、症例を何度も読み直した青年ハンスは「やっぱりこれは私のことかもしれない」というのである(cf. S-IV, 278／(下)一〇七―一〇八)。

5 本書の第六章3節の最後で論じられる、ジョイスにおける「共感」の滑落の議論を参照〔↓二五九頁〕。

6 ジャック・カゾット『悪魔の恋』渡辺一夫・平岡昇訳、『新編 バベルの図書館4 フランス編』国書刊行会、二〇一二年、四七〇頁参照。

7 同書、四二一頁。

8 同書、四八八頁。

9 ラカンは「私は探し求めるのではない、見つけるのだ」(cf. S-XI, 197／二九一)といいながら、自らの創造的読解の例として「一の線＝性質」を例示している。

10 グラフ論をまとめた論文「主体の転倒と欲望の弁証法」では、最初のグラフの図においてすでに「一の線＝性質」が与えられる、とされていた(cf. E, 808)。それゆえ、解釈の仕方によっては、この段階のグラフでエディプス・コンプレックスの最後の段階の同一化が記述されていると理解することもできる。しかし、別の箇所では、ラカンははっきりと「母」との関係をグラフの第一段階として論じている（cf. S-V, 191／(上)二八一）。

［第四章］

1 アラン・ソーカル&ジャン・ブリクモン『「知」の欺瞞――ポストモダン思想における科学の濫用』田崎晴明・大野克嗣・堀茂樹訳、岩波書店、二〇〇〇年、五〇頁。

2 cf. Alfred Tarski, "The Semantic Conception of Truth", in *Semantics and the Philosophy of Language: A Collection of Readings*, edited by Leonard Linsky, Urbana: University of Illinois Press, 1952, pp. 21f.

3 cf. Alfred Tarski, "The Concept of Truth in Formalized Languages", in *Logic, Semantics, Metamathematics: Papers from 1923 to 1938*, translated by J. H. Woodger, 2nd ed., edited and introduced by John Corcoran, Indianapolis, Ind.: Hackett, 1983, pp. 152f.

4 Saul Kripke, "Outline of a Theory of Truth", in *Recent Essays on Truth and the Liar Paradox*, edited by Robert L. Martin, Oxford: Clarendon Press, 1984, p. 80.

5 この点についての立ち入った検討は、拙著『西田幾多郎――歴史の論理学』講談社、二〇〇八年を参照されたい。

6 ラッセルとは異なるかたちでなされたツェルメロらの解法もまた、基本的には同じ方針をとっている。ツェルメロは「集合」の定義を限定し、単に形式的に包摂関係の規則をもつものを「クラス」とすることでパラドックスを回避したのである。(1, 1) の円の特異性については、ラカン自身も十分な注意を払っている。

7 この点については、『フレーゲ著作集』第二巻、勁草書房、二〇〇一年の野本和幸による「編者解説」二一六頁以下を参照。『算術の基礎』のフレーゲは、「シーザー問題」を解決するために、射影幾何学に基づくアプローチから集合論的なアプローチに方向転換している。

［第五章］

1 「要求」については、本書の第三章3節を参照。

2 Jacques-Alain Miller, « La Clinique Lacanienne: Cours du 16 décembre 1981 », in *L'orientation lacanienne: le cours de Jacques-Alain Miller,* 11 fev. 2016 (http://jonathanleroy.be/2016/02/orientation-lacanienne-jacques-alain-miller/ : 二〇一七年六月二九日最終閲覧), p. 69.

3 ブルース・フィンク『後期ラカン入門――ラカン的主体について』小倉拓也・塩飽耕規・渋谷亮訳、人文書院、二〇一三年、九六頁以下。

4 「転移が要求を欲動から遠ざけるものだとすれば、分析家の欲望は要求を再び欲動へと連れ戻すものです。この道を介して、分析家は*a*を切り離し〔isoler〕、それを彼がその具現者になるべく主体から求められているもの、すなわち「I」から可能なかぎり離れたところに置くのです」(S-XI, 245／三六八)。邦訳では「分析家は*a*を分離し」と訳されているが、ラカンが用いている言葉（isoler）は「分離（séparation）」とは異なる。

5 ルイ・アルチュセール『フロイトとラカン――精神分析論集』石田靖夫・小倉孝誠・菅野賢治訳、人文書院、二〇〇一年、一四六頁。

6 『ミシェル・フーコー思考集成Ⅲ　歴史学／系譜学／考古学』筑摩書房、一九九九年、二四三頁。

7 ラカンは四つのディスクールの「ドミナント（la dominant）」として「大学人」、「主人」、「ヒステリー者」、「分析家」を挙げ、それらがディスクールの命名に資した、と語っている（cf. S-XVII, 47）。その言によるなら、「大学のディスクール（discours universitaire）」を「大学人のディスクール」と訳す余地があるように思われる。本稿では、他の用法なども鑑みて「大学のディスクール」としたが、いずれにせよ、ラカンのいうように「ドミナント」は「支配（dominance）」を含意するものではなく（cf. ibid.）、あくまで「見かけ」にすぎない。「大学のディスクール」（あるいは「大学人のディスクール」）においても、問題となるのはあくまでシステムの構造であり、特定の作動因に還元されるものではないと考えられる。

8　この点についての詳細は、拙著『「経済」の哲学──ナルシスの危機を越えて』せりか書房、二〇一三年、七四頁以下を参照いただきたい。

9　アレクサンドル・コジェーヴ『ヘーゲル読解入門──『精神現象学』を読む』上妻精・今野雅方訳、国文社、一九八七年、二三三─二三四頁。

10　同書、二四五頁以下、第二版の註を参照。

11　この点については、前掲拙著『「経済」の哲学』二一三頁以下を参照いただきたい。

［第六章］

1　「前にある線を抹消すること、それがリトラル＝沿岸的なものの大地〔terre〕である」(AE, 16)。

2　ソール・A・クリプキ『名指しと必然性──様相の形而上学と心身問題』八木沢敬・野家啓一訳、産業図書、一九八五年、三〇頁。

3　同書、五六頁。

4　James Joyce, *Finnegans Wake*, London: Faber and faber, 1939, p. 3／ジェイムズ・ジョイス『フィネガンズ・ウェイク』I、柳瀬尚紀訳、河出書房新社、一九九一年、五頁。

あとがきに代えて：一九八一年〜

二〇一七年一月二〇日、ドナルド・トランプが第四五代アメリカ合衆国大統領に就任すると、憲法上明確な定めのない大統領令を次々に発令し、議会の承認を得ない直接的な行政権の行使を繰り返した。就任後一〇〇日で三二本の大統領令は、第二次世界大戦後のアメリカ大統領の中では最多とされる。その一部は「違憲」として訴えられ、執行が制限されたが、金融危機の再発を防ぐために導入された「ドッド・フランク法」の見直しや軍事行動に関わる事項が、ほとんど議論のないまま執行された。

『集団心理学と自我分析』でフロイトが分析し、ラカンが四つのディスクール論で展開した社会論は、人々の欲望が自ら喜んで「集団催眠」に至る過程をはっきりと示している。だが、ラカンなき後の世界の状況は、その愚を手放しで演じているようにも見える。言説の批判は経済の必要に回収され、経済の疲弊が破局の英雄を求めて無批判な欲望を顕現させる。

人々の欲望が今まさに悲劇を演じようとする中で、哲学はいったい何をなしうるのか。本書がささやかながら試みたのは、欲望の道行きを望ましいものに変える契機を少しでも多く確保することであった。党派性を帯びることなく転移を繰り返し、閉塞的な構造に回収されない欲望のあり方を見出す方法のひとつとして、テクストを読むこと、とりわけラカンのテクストを読むことの可能性を示そうとしたつもりである。その試みが成功したかどうかは筆者のはかるところではない。だが、哲学の実践として、人々の心的装置の構造化について批判的に検討することは、今後ますます重要になっていくだろう。哲学が単なる文献研究を越えて、その暴力的な使用を批判しなければならない地点に、われわれは立っている。願わくば、本書がその一助になればと思う。

本書の執筆にあたっては、さまざまな人々のご助力をいただいた。一人一人お名前を挙げることは控えるが、彼ら／彼女らとの関係があることで初めて筆者はこのような試みを続けられる。この場を借りて感謝申し上げたい。また、本書の刊行にあたっては、講談社の互盛央氏のお世話になった。しばらく前からお話をいただきながら諸事情により進められずにいたところを、互さんが講談社に移られたのを機にあらためて機会を与えてもらったのが二〇一四年、しかしそれからさらに三年も経ってしまった。同世代ながらすでに広く知られる名編集者をうんざりさせていないか心配である。

この先、「哲学者」に何ができるのか。あらためて真摯に考えたい。

二〇一七年一二月　暗雲迫る東京の一隅で

著　者

荒谷大輔（あらや・だいすけ）

一九七四年生まれ。東京大学大学院博士課程単位取得退学。博士（文学）。現在、江戸川大学教授。基礎・教養教育センター長。専門は、哲学、倫理学。

主な著書に、『西田幾多郎』（講談社）、『ドゥルーズ／ガタリの現在』（共著、平凡社）、『「経済」の哲学』（せりか書房）、『ラカン『アンコール』解説』（共著、せりか書房）ほか。

ラカンの哲学《てつがく》

哲学《てつがく》の実践《じっせん》としての精神分析《せいしんぶんせき》

二〇一八年　三月　九日　第一刷発行

著者　荒谷《あらや》大輔《だいすけ》

発行者　鈴木　哲

発行所　株式会社　講談社

東京都文京区音羽二丁目一二―二一　〒一一二―八〇〇一

電話（編集）〇三―三九四五―四九六三

（販売）〇三―五三九五―四四一五

（業務）〇三―五三九五―三六一五

装幀者　奥定泰之

本文印刷　慶昌堂印刷株式会社

カバー・表紙印刷　半七写真印刷工業株式会社

製本所　大口製本印刷株式会社

ISBN978-4-06-258674-0　Printed in Japan

N.D.C.146　269p　19cm

講談社選書メチエ　刊行の辞

書物からまったく離れて生きるのはむずかしいことです。百年ばかり昔、アンドレ・ジッドは自分にむかって「すべての書物を捨てるべし」と命じながら、パリからアフリカへ旅立ちました。旅の荷は軽くなかったようです。ひそかに書物をたずさえていたからでした。ジッドのように意地を張らず、書物とともに世界を旅して、いらなくなったら捨てていけばいいのではないでしょうか。

現代は、星の数ほどにも本の書き手が見あたります。読み手と書き手がこれほど近づきあっている時代はありません。きのうの読者が、一夜あければ著者となって、あらたな読者にめぐりあう。その読者のなかから、またあらたな著者が生まれるのです。この循環の過程で読書の質も変わっていきます。人は書き手になることで熟練の読み手になるものです。

選書メチエはこのような時代にふさわしい書物の刊行をめざしています。

フランス語でメチエは、経験によって身につく技術のことをいいます。道具を駆使しておこなう仕事のことでもあります。また、生活と直接に結びついた専門的な技能を指すこともあります。

いま地球の環境はますます複雑な変化を見せ、予測困難な状況が刻々あらわれています。

そのなかで、読者それぞれの「メチエ」を活かす一助として、本選書が役立つことを願っています。

一九九四年二月　野間佐和子